MONDO ECONOMICO 179

100 IDEE × 100 START UP

Paolo Gila

100 IDEE × 100 START UP

Storie esemplari di imprenditori che innovano per vincere la crisi

GRUPPO24ORE

ISBN 978-88-6345-225-9

GRUPPO 24 ORE

Sede legale e amministrazione: via Monte Rosa 91, 20149 Milano
Redazione: via C. Pisacane, 1 - 20016 Pero (Mi)

Per informazioni: Servizio Clienti 02.3022.5680, 06.3022.5680
Fax 02.3022.5400 oppure 06.3022.5400
e-mail servizioclienti.libri@ilsole24ore.com

Realizzazione editoriale: EdiText, servizi redazionali per l'editoria - Torino

Prima edizione: Maggio 2011

Stampa: ROTOLITO LOMBARDA, via Sondrio 3 - Seggiano di Pioltello (MI)

Sommario

I 100 nomi

(in ordine di apparizione)

Cooperativa MangiaSano, Calzoleria Leoni,
Affi Wine Bar, Gruppo Saviola, AtGrade, Legal Sms,
Mobile Solutions, Filo dei sogni, Leonardo 3, Greenfluff,
Microlife, Asap, Telenia software,
Fondazione Ethnoland, Aste Immobiliari, Muoversi,
Pepe Ginseng, Strategyinvestor.com, Auto Pagani,
Arendi, Canottieri San Cristoforo, Valvitalia,
Eco Oli Separazioni, Albea Group, Mani di fata,
Servizi Italia, Italia Assistenza, Arduino,
Riccardo Signorelli, Mes Dea, Fiamm, KiteGen,
Ovo.com, Flo, Bioecopest, T.R.E. Plasticsort,
Bioarchitetti Rapaccini e Sanna, Albe-res,
Cyanine Technologies, Cinkue, Hyperactive, Yoox,
Consorzio del diritto, Studio Carlo Ratti, Midj,
Illusione Ottica, Salumificio Raspini Umberto,
Pastificio Rummo, Agricola Grains,
Studio Architettura Diego Guerreschi,
Locanda dell'Arte, NephroCare, Laserbiomed,
Infosolution, Robywheelchair, Life 3, Tecnocom,
NetInsurance, Mectex, PCR, Chic Trading, Amet,
Neptuny, Seaweed, Fastinking, Maccarinelli e Cioffi,
Onoranze funebri Pagliarin, Fattorie del vento, Vuzeta,
SenapeTv, Popcorn.tv, Delta Pictures, Wash Bubble Bar,
Private Outlet, Therashop, Mercato dell'affare,
Fresh Fruit, Contest Rock Hair, Bigodini e Estilò,
Cutaway, Differente, Brembo, Brugola, Kickstarter.com,
Mauro Mondini, Dinamotor, Banca Intesa Sanpaolo,
Enerpoint, Technologies Review, IBAN, Marco Mandelli,
Luca Ravagnan, Solwa, Cosimo Palmisano,
Matteo Bovolenta, Bice Cavallo, Giorgia Lodi,
Silvia Mortara, Loris Sinigoi, Alessandra Chiap.

Introduzione

Il nostro paese mostra specificità che non si riscontrano in altri modelli capitalistici. Sul territorio della Penisola è ampiamente diffusa l'attività imprenditoriale, con più di tre milioni di aziende iscritte nel Registro delle Imprese. Cifra che sale a oltre otto milioni di titolari di attività, se si considerano anche le Partite IVA dei professionisti e degli autonomi. La maggior parte delle imprese è imperniata sul titolare e su pochi collaboratori, spesso gli stessi familiari. Nonostante la persistenza di un forte tasso di mortalità, sono ancora più numerose le imprese che nascono rispetto a quelle che chiudono i battenti: una tendenza costante da anni e che neanche la crisi del biennio 2008-2009 è riuscita a invertire. Lo testimonia la consueta fotografia annuale scattata da Unioncamere: nel 2008 il saldo tra imprese nate e imprese morte è stato di 35.000 unità, mentre nel 2009 la differenza è scesa a 17.000, la più bassa nell'ultimo decennio, ma pur sempre positiva.

Con il 2010 la creatività imprenditoriale è ripartita con vigore. Alla fine dell'anno hanno cessato l'attività circa 338.000 imprese, ma in compenso ne sono state aperte quasi 411.000, con un saldo positivo per oltre 72.000 attività. C'è dunque un segnale di ripartenza, che dimostra come tra tanti connazionali sia tornata la voglia di fare impresa, di scommettere su se stessi per realizzare quel benessere che è stato minacciato durante la recente crisi economica.

All'interno dei dati aggregati i ricercatori vanno a caccia di tendenze e interpretazioni. E così si scopre che i nuovi imprenditori sono costituiti per circa il 42% da giovani, che si collocano nella fascia di età compresa fra i 30 e i 40 anni. Il 55% dei fondatori d'impresa ha fatto ricorso ai mezzi propri per avviare l'attività, senza dunque fare affidamento a banche o a soci esterni. Inoltre, sulle 72.000 nuove imprese, oltre 50.000 sono rappresentate da società di capitale, società di persone, società cooperative e consorzi: un segnale che a prevalere è stato il senso dell'"unione fa la forza", anche tra gli imprenditori. Le ditte individuali sono cresciute soprattutto per iniziativa degli immigrati, che trovano così il modo di ricorrere a forme di autoimpiego per collocarsi sul mercato. A livello regionale, le aree dove le imprese si sono sviluppate a maggiori tassi di crescita sono state quelle del Centro e di parte del Meridione (Calabria, Campania e Puglia), oltre alla Sardegna.

Secondo le stime di Unioncamere, sono aumentate le nuove imprese nei settori del commercio e del turismo, mentre sono calate nell'industria manifatturiera e nell'agricoltura. Per quanto riguarda le motivazioni, sulla base di un sondaggio effettuato dal *Sole 24 Ore* su un campione rappresentativo di nuovi imprenditori, si è rilevato che mentre la maggior parte di essi ha dichiarato di aver fondato una società per fiducia nelle proprie competenze, per conoscenza del mercato o per migliorare il proprio status sociale, una minoranza – ma di tutto rilievo, pari al 34% degli stessi intervistati – lo ha fatto perché mossa da necessità oggettive di lavorare dopo aver cercato invano un'occupazione. In sintesi, circa un terzo dei nuovi imprenditori è costituito da ex lavoratori dipendenti, operai, cassintegrati, ex dirigenti e funzionari che hanno trovato sul versante imprenditoriale un'opportunità da cogliere, pena lo slittamento verso un'area indefinita di sussistenza, se non di indigenza.

Se guardiamo i numeri scopriamo che, nell'Italia del lavoro e dell'impresa in rapido cambiamento, un ruolo consistente viene giocato da giovani, da immigrati e da ex dipendenti. Ma non solo. Cresce anche il ruolo delle quote "rosa", soprattutto nell'ambito dell'impresa artigiana. Uno studio su dati nazionali compiuto dalla Camera di Commercio di Monza e della Brianza ha stabilito che in Italia ogni 18 nuovi elettricisti uno è donna, e che è rosa un'impresa ogni 13 nuove aziende di autotrasportatori. Il rapporto sale a 1 ogni 5 nel caso dei tappezzieri. Ma ci sono anche imprese artigiane rette da donne in altri ambiti tipicamente maschili. Così nel nostro paese abbiamo anche 140 idraulici, 300 calzolai e 300 falegnami donne, oltre a ben 730 tra carrozzieri e meccanici e a 2300 fabbri di sesso femminile.

Fin qui, alcuni numeri che esprimono dati e che consentono di comprendere i fenomeni che ci stanno intorno e che stiamo vivendo e osservando. Tuttavia è altrettanto utile – se non fondamentale – puntare lo sguardo verso l'orizzonte, per scrutare le direzioni di marcia delle tendenze in atto. Ogni azione si concretizza lungo una traiettoria che è dettata da una carica ideale, da un sogno, da una particolare visione dei tempi. Molte nuove imprese nascono e si fortificano perché i loro iniziatori hanno dato avvio a un'attività nella speranza – o nella convinzione – che prima o poi il futuro che loro immaginavano o che immaginano possa diventare il presente in cui muoversi. Il futuro è, in germe, nel presente: è da questa logica e da tale spirito che questo libro prende le mosse. Consapevoli di vivere in un presente definito entro una cornice storica determinata, tuttavia guardiamo al futuro come luogo dove si potranno compiere i destini delle idee che oggi prendono vita, nella speranza che i futuri imprenditori – ma anche gli osservatori di fatti economici e sociali – possano trarre spunto e ispirazione dalla storia di coloro che non si sono fermati all'abitudine e al già conosciuto.

Nelle pagine che seguono c'è appunto il tentativo di compiere un'adeguata riflessione sulle tendenze evolutive della nostra società e della nostra economia, per mettere in evidenza le idee di coloro che hanno dato corpo a un sogno, un'impresa, un'attività. Molte imprese odierne erano idee di start up alcuni anni fa. Da qui l'augurio che tanti altri novelli imprenditori possano continuare a far zampillare la vena creativa del nostro modello capitalistico che, quanto a numeri, non dimostra di essere in affanno. Le future start up potranno nascere da idee che vengono concepite in questo periodo. A voi lettori il compito di presagire il futuro del nostro sistema economico analizzando e giudicando la qualità delle iniziative imprenditoriali presentate, che sono state selezionate tra tante altre altrettanto meritevoli di essere ospitate nel libro e che solo per ragioni di spazio sono state per il momento tenute in disparte. Anche questo è un segno di quella creatività che il nostro paese continua a manifestarci. Con sorprendente e rinnovata capacità.

1. I nuovi trend dell'economia

Chi vuole dedicare tempo e forze alla creazione di un'attività in proprio ed è animato da una robusta carica passionale deve prendere in considerazione alcuni punti preliminari. Come l'atleta serio non scende in pista senza un'adeguata preparazione, così un imprenditore non può improvvisarsi. La competizione richiede addestramento, lavoro interiore, capacità di ascoltare il mondo esterno. E questo pianeta – dal punto di vista dell'uomo d'affari – è abitato da persone che non si comportano come noi, né come noi pensiamo che si debbano comportare sulla base delle nostre ristrette convinzioni. Così, per esempio, spesso siamo quasi tutti mossi dal pregiudizio che durante i periodi di crisi le capacità innovative degli individui si affievoliscano. Ma non è così: crisi e creatività spesso si conciliano. Nel corso degli anni Trenta dello scorso secolo, nel periodo della Grande depressione seguita al crollo di Wall Street del 1929 e dopo una fase di forte ridimensionamento – se non di chiusura – di numerose attività produttive, negli Stati Uniti si registrò un'impennata di iscrizioni al registro delle nuove imprese. Per le forti analogie della crisi di allora con i tempi attuali, il fenomeno è tornato prepotentemente oggetto di studio, anche perché – da che mondo è mondo – "la necessità aguzza l'ingegno" e vedere come altri prima di noi hanno affrontato e superato le difficoltà sembra davvero un utile insegnamento. E sarebbe oltremodo ingeneroso considerare coloro che si dedicarono anima e corpo alla creazione di un'impresa in quell'epoca complicata solo e semplicemente degli spiantati fortunati. Basterà ricordare che in quel periodo nacquero e si svilupparono aziende nel settore della tecnologia, dei trasporti, della salute e dell'aviazione civile, segmenti che rappresentavano, allora, il fronte più avanzato dell'innovazione.

Qualcuno potrebbe obiettare che le aziende nacquero in seguito agli sforzi compiuti nel corso del New Deal varato dall'amministrazione Roosevelt per contrastare la crisi, e ciò è certamente vero. Tuttavia occorre anche riconoscere il merito a tutti coloro che cavalcarono i tempi senza scoraggiarsi. Una buona dose di destino favorevole è necessaria sempre nella vita di ognuno. Ma molto spesso servono anche volontà e soprattutto idee semplici e chiare.

Il motore è l'idea giusta

Comunque sia, è l'idea il fondamento dell'impresa. E, gira o rigira, l'idea si declina come prodotto o come servizio, nel senso che colui che decide di avviare un'attività punta sulla realizzazione di merci o sull'erogazione di servizi. Diverse attività sono una miscela delle une con gli altri, ma in questa fase è meglio semplificare e cercare di distinguere più lucidamente possibile l'area alla quale si desidera appartenere.

Una volta individuato il settore nel quale operare è necessario valutare le proprie capacità, le proprie competenze e le proprie disponibilità finanziarie per comprendere se procedere da soli o cercare eventuali soci. Non è detto che un partner debba essere necessariamente un singolo individuo: potrebbe essere una società già costituita e disponibile ad avviare con voi una nuova attività. Facciamo una considerazione. In Italia la grande impresa si esprime su pochi numeri. Quelle sparse su tutto il territorio nazionale con più di 10 dipendenti sono 220.000 e quelle fra 5 e 10 dipendenti circa 400.000. Sono invece oltre un milione e mezzo le imprese con meno di 5 dipendenti, le cosiddette microimprese, tessuto produttivo di piccole cellule spesso molto animate e creative. In questo mare imprenditoriale si trova di tutto, dalla piccola ditta individuale di servizi alla società artigianale sofisticata per la presenza di macchinari ad alta tecnologia. Orbene: possibile che in questa realtà così atomizzata non ci sia nessuno, proprio nessuno, che condivida un'idea, un progetto?

Visioni del futuro

I criteri di scelta per l'avvio di una nuova attività imprenditoriale dovrebbero tenere in considerazione, oltre alle proprie competenze personali, anche i settori nei quali è atteso uno sviluppo. Ci sono comparti che nel nostro paese sono ormai diventati obsoleti e che la crisi ha contribuito a indebolire o azzerare. Sarebbe dunque folle avventurarsi in un'impresa laddove i margini di riuscita appaiono deboli o nulli. Piuttosto, sarebbe necessario acquisire una particolare sensibilità sulle tendenze economiche di fondo per comprendere quanto davvero possa essere interessante entrare in qualche segmento profittevole. Bisogna costruirsi una sorta di mappa mentale, allenarsi a pensare in termini di lungimiranza e chiedersi: che tipo di futuro ci potrà essere in questa o in quella attività? Solo così si potrà poi puntare decisamente la riflessione laddove si colgono segnali promettenti. Senza dimenticare uno scenario di fondo: è molto probabile che nel corso dei prossimi anni venga a realizzarsi un modello di economia mondiale imperniato sul rapporto di collaborazione tra Stati Uniti e Cina. Qualcuno ha definito questa alleanza il G-2, a testimonianza che a comandare e a decidere le impostazioni delle sorti del mondo sarà una diarchia illuminata con basi a Washington e Pechino. Tutto questo porta a pensare che buona parte dei traffici e degli scambi commerciali sarà concentrata nell'area del Pacifico, mentre l'Atlantico, che unisce l'Europa agli Stati Uniti, potrebbe uscire indebolito nel nuovo quadro.

Tutto verosimile, ma è altrettanto probabile che venga a intensificarsi l'integrazione eurasiatica. La Cina ha ordinato oltre 400 nuovi aerei per i voli a medio e lungo raggio, la metà dei quali è prevista su scali occidentali, con mete Mosca, Berlino, Londra ma anche Roma e Malpensa. Inoltre è in corso il completamento del corridoio ferroviario europeo numero 5, che congiungerà Lisbona a Mosca, e da qui altre reti ferroviarie potenziate metteranno in collegamento la Russia intera e con essa l'Estremo Oriente. Il tratto ferroviario italiano coinvolto in questo progetto si snoda fra Torino e Trieste in direzione ovest-est e tra il Brennero e Napoli lungo la dorsale nord-sud. Che cosa significa tutto questo? C'è spazio per qualche nuova iniziativa imprenditoriale? Per diversi osservatori la risposta è affermativa. Nel corso dei prossimi anni è probabile che sia il flusso aereo sia quello ferroviario vadano a incrementarsi, con notevoli aspettative per molte realtà legate ai servizi, alla logistica e al turismo. Dal punto di vista degli scali aeroportuali appare abbastanza chiaro quale potrebbe essere la tendenza: crescita dei flussi, anche grazie ai voli *low cost*, e sviluppi dei business agganciati alle grandi aerostazioni, dai taxi ai bar, alla ristorazione e ai punti vendita, sia di prodotti alimentari sia di merci legate al Made in Italy. Per quanto riguarda invece il versante delle strade ferrate, il loro perfezionamento dovrebbe consentire il parallelo incremento di poli logistici. Nelle intenzioni – peraltro annunciate – di alcuni costruttori cinesi di elettrodomestici come Haier, per esempio, le spedizioni di lavatrici verso l'Europa non avverranno più dalla Cina con l'aiuto di navi coreane. I singoli pezzi verranno portati con container via treno, con notevole risparmio di spazio, e poi assemblati a destinazione.

Intorno a questa dinamica – molto più imperniata sulle vie terrestri che su quelle marittime, visto che l'Eurasia è geograficamente un solo continente interamente percorribile sfruttando strade e ferrovie – potrebbe fortificarsi un'intera filiera di raccolta e di smistamento delle parti di apparecchi, macchinari e chissà quant'altro.

Il valore dei filoni emergenti

Anche il settore della salute e del benessere personale, come del resto quello turistico al quale è agganciato, può rappresentare un interessante campo d'azione, che coinvolge molti aspetti. Secondo una ricerca compiuta dall'Università Bocconi di Milano, le presenze di utenti alle terme, ai centri benessere, alle spa (*salus per aquam*) e ai centri specializzati per la cura del corpo sono in costante aumento. Una filiera che, una volta consolidata la ripresa, potrebbe anche garantire lavoro per coloro che si occupano di realizzazione e manutenzione di impianti, per l'edilizia sanitaria e di qualità, per i produttori di ceramiche e di decorazione artistica, solo per fare alcuni esempi.

Non c'è dubbio che anche l'elettronica sia al centro di possibili evoluzioni. Molte idee sono promettenti e spaziano dall'applicazione di nuove soluzioni per la casa alla sicurezza personale, ai sistemi di trasporto. Alcune fasi produttive di queste filiere possono essere svolte a domicilio o – per chi risiede in campagna – in spazi attigui all'abitazione. Nel corso dei prossimi anni potremmo assistere alla rinascita dei lavori domestici a più livelli e per più figure professionali: non solo per quelle artigianali di tipo tradizionale (sartoria, per esempio), ma anche per tutte quelle inedite figure legate alle nuove tecnologie basate su Internet. Nelle grandi città alcune segretarie che sono rimaste senza lavoro si propongono come assistenti remote di ufficio per gestire direttamente da casa pratiche complicate, catene di telefonate, stesura di tesi, lettere, missive, ma anche traduzioni, compilazione e aggiornamento di file elettronici. Grafici editoriali, traduttori, programmatori, intervistatori demoscopici e redattori tecnici ormai svolgono gran parte della loro attività da casa, che è diventata anche la loro sede legale. Non è quindi affatto escluso che la quota delle professioni da svolgere a domicilio possa aumentare considerevolmente, sfruttando computer e telefono.

In alcune grandi città la vita è costosa, con affitti alti ed elevati costi dei beni primari. Perché non pensare di abbandonare la disagevole e poco salutare vita urbana e trasferirsi nelle città di provincia, dove la qualità è migliore e le spese generali sono più basse? Anche questa potrebbe essere una soluzione da prendere in considerazione. Nelle zone interne ci sono centri dove un'attività può essere svolta a distanza con notevoli risparmi economici e con effetti positivi sulla salute e sulla qualità della vita. In genere, poi, in alcune zone per molte attività la concorrenza è scarsa o comunque non così agguerrita come nelle megalopoli, e potrebbero esserci più opportunità di quanto non si creda. L'importante è scegliere una zona in crescita, magari collocata nelle vicinanze di arterie stradali o ferroviarie di rilievo.

Le nuove fonti di energia

Un altro settore emergente e in grande sviluppo è quello legato alle energie alternative. Ma qui il discorso è alquanto complesso, per varie ragioni. In primo luogo occorre precisare che in alcune applicazioni di questo campo non esiste una filiera produttiva. Si prenda per esempio il fotovoltaico: tutta la parte produttiva – tranne rare eccezioni – è realizzata in altri paesi come Stati Uniti, Giappone, Germania. Nel nostro paese c'è una discreta produzione di componenti elettriche legata agli impianti, agli inverter, alla rete. Nel complesso, in Italia il segmento del fotovoltaico è un settore tipicamente assegnato ai distributori e agli installatori. Dunque, a meno che non si possiedano precise conoscenze e affinate competenze pratiche, è davvero difficile potersi creare un'impresa da zero. Qualche speranza esiste nell'ambito delle attività commerciali, previo però un robusto corso di formazione professionale. Nell'area milanese esiste la Siam, la Società di incoraggiamento delle arti e dei mestieri, che propone agli interessati corsi di formazione vari (con rilascio di attestato riconosciuto) ai fini di preparare installatori qualificati, ma anche addetti ad altre funzioni. C'è poi una tecnologia particolare di impianti energetici fotovoltaici dove il Made in Italy vuole giocare anche il ruolo di produttore: si tratta dei pannelli a film sottile di telloruro di cadmio realizzati dalla Arendi del gruppo Marcegaglia. L'attività è appena stata avviata e l'azienda dovrebbe effettuare numerose assunzioni tra i giovani, ma molto c'è da fare lungo tutta la filiera, fino agli utilizzatori finali. In altri segmenti del comparto energetico la situazione è quanto mai complicata e difficile. L'eolico è ancora marginale, il nucleare è per gli addetti ai lavori. Di fatto le possibili aspettative, per un novello imprenditore che non disponga di robusti capitali, si ravvisano al momento quasi esclusivamente nel fotovoltaico.

Natura e tradizione

Senza spingersi nei meandri del trattamento dei rifiuti e della *green economy*, che da più parti viene celebrata come il futuro ciclo economico che suggellerà la ripresa a livello mondiale, bastino in questa sede alcuni spunti sulla realtà concreta per capire le potenzialità su cui può lanciarsi la volontà dei nuovi imprenditori. È probabile che la semplice parola "purificazione" in futuro possa rappresentare un'autentica miniera. Gli esseri umani si avvelenano continuamente e a diversi livelli. Si avverte un'esigenza diffusa, se non impellente, di prodotti e sistemi per rendere più puri gli elementi naturali (acqua e aria), ma anche gli alimenti, persino i carburanti e le abitazioni. Su tutti questi versanti imprese tecnologiche stanno lavorando a progetti per trovare promettenti nicchie profittevoli. Alcune aziende promuovono purificatori d'acqua domestici e per i ristoranti, altre sono interessate alla riduzione dell'inquinamento atmosferico. È intuibile supporre che non appena anche il mondo politico darà una mano a queste attività, gli impegni nella ricerca e gli investimenti industriali porteranno alla nascita e allo sviluppo di nuovi filoni professionali e imprenditoriali.

Per diversi aspetti molti osservatori concordano nel ritenere che l'industria informatica sia giunta a maturità: il computer, soprattutto nella sua versione portatile, ha raggiunto ampi gradi di diffusione e le società concorrenti sono costrette a fare i conti con politiche di prezzo agguerritissime. Un segmento che invece non si è ancora sviluppato e che risulta promettente è quello della robotica domestica: non quella industriale, costituita da macchinari e sistemi altamente sofisticati, bensì quella legata alle necessità di tutti i giorni. Sul mercato sono apparsi scope e aspiratori tuttofare che puliscono la casa anche in assenza dei proprietari: sono piccoli elettrodomestici che vengono impostati e che si mettono a funzionare sulla base degli ordini impartiti e al termine della loro attività si fermano. La cyber-meccanica ha ancora molto da dire. Come del resto la domotica, la disciplina che si occupa, appunto, dell'automazione tra le mura domestiche. Tutte le attività familiari possono essere gestite attraverso una centralina elettronica che coordina accensione e spegnimento di impianti termici, luminosi, idraulici e di condizionamento. Non solo, si occupa anche di abbassare e alzare le tapparelle, irrigare i giardini e innaffiare i vasi di fiori su terrazzi e balconi, far funzionare i sistemi antifurto durante l'assenza dei proprietari. Questo settore rappresenta nel suo complesso l'evoluzione delle funzionalità domestiche, dove nuove imprese possono avere un ruolo da giocare anche dal punto di vista della sicurezza, della riparazione e manutenzione, oltre che dell'installazione.

Salute e sicurezza

Resta un altro settore da considerare e che potrebbe avere un notevole dinamismo nel corso dei prossimi anni. È il mondo della salute a domicilio. Diversi produttori sono all'opera. Laboratori di ricerca stanno studiando ed elaborando strumenti diagnostici portatili, se non tascabili, per offrire alle famiglie e ai medici di base la possibilità di intervenire direttamente e valutare un'ampia casistica di patologie. Si consideri che la popolazione italiana sta invecchiando e che la quota degli over 60 cresce percentualmente all'interno della base demografica. Il numero di pazienti diabetici, con problemi cardiaci e di circolazione sanguigna è previsto in aumento. Perché congestionare le cliniche e i centri diagnostici con analisi e test ripetuti? Ecco allora la risposta su cui si sta lavorando: creare strumenti diagnostici "tascabili" come glucometri, misuratori di pressione elettronici e analizzatori del battito e del ritmo cardiaco, in grado di offrire una valutazione immediata. Non solo, c'è anche un'industria friulana che sta approntando un kit diagnostico grande quanto una valigetta per effettuare delle analisi alle ghiandole mammarie e accertare eventuali presenze di tumori. Tutte queste apparecchiature saranno via via miniaturizzate, come è accaduto per le televisioni, le radio, i personal computer, e diventeranno di largo consumo e di ampia diffusione. Se si considera che l'elettronica prenderà sempre più piede anche nel mondo della sanità (collettiva e individuale), il passo è presto compiuto: entro qualche anno il paziente e/o il medico di base potranno eseguire una serie di indagini cliniche e diagnostiche in totale autonomia, con la possibilità di trasferire anche via Internet ai centri sanitari regionali i dati raccolti a ogni test. Servizi di vendita e assistenza di kit diagnostici familiari potrebbero presto diventare ordinari e diffusi, in un modello sanitario che punta sul Web per l'aggiornamento delle banche dati: è il mondo della telemedicina. C'è abbastanza materiale per poter fare qualche riflessione aggiuntiva, visto che, contestualmente, cresce anche la domanda di beni e di servizi legati alla sicurezza. Dai sistemi antieffrazione per uso privato ai codici di identificazione per l'accesso negli uffici e nei locali a uso pubblico; dalle misure di videosorveglianza alla difesa dei sistemi informatici: è tutto un pullulare di proposte, un fermento di idee innovative la cui curva è destinata a crescere ancora nei prossimi anni.

I mercati emergenti

Osservando direttamente casi ed esperienze altrui, vi accorgerete che mentre alcune aziende sono nate pioniere e con le loro soluzioni innovative hanno aperto nuove strade (pensiamo a Skype e Twitter nel settore delle telecomunicazioni), altre si affacciano sul mercato potenziando i servizi e le idee che le "primogenite" hanno creato. I nuovi segmenti nascono quando si moltiplicano in rete sia i produttori sia gli sviluppatori di un'idea vincente. Molti prodotti (software, moda, automobili e altri) sono venduti di più e meglio se vengono personalizzati a uso e misura della clientela. Dunque, non importa che siate i primissimi in un settore, l'importante è che sappiate individuare almeno una nicchia dove si possa giocare un ruolo di rilievo. Molte soluzioni tecnologicamente avanzate rimangono sulla carta o non hanno successo, ma non appena qualcuna decolla è possibile fare ricerche per capire la reale portata della loro crescita.

Ci sono anche nuovi settori meno eclatanti, ma non per questo privi di interesse. In una cornice silenziosa e operosa si è sviluppato il mercato del riscaldamento autonomo con impianti e caldaie che utilizzano nuovi combustibili alternativi o naturali (bioetanolo, legna, pellet), a testimonianza che le potenzialità esistono anche laddove non c'è il clamore mediatico che invece manifestano altre attività.

Non si deve dimenticare il ricco comparto della sicurezza, dove le crescite sono significative a tutti i livelli. A causa del cambiamento della società e dei rischi connessi a maggiore promiscuità e delinquenza, una crescente quota di cittadini avverte il bisogno di creare più efficaci barriere difensive a livello domestico, di migliorare la sicurezza dei sistemi informatici per le transazioni e i pagamenti, di garantirsi un reddito e di garantire un tenore di vita adeguato ai propri familiari in caso di malattia o infortunio, di tutelarsi dai furti di beni come gli averi personali o l'auto. Queste esigenze portano a far crescere la domanda di una serie nutrita di prodotti e di servizi, comprese le polizze assicurative o i centralini di assistenza 24 ore su 24. Anche le aziende e le amministrazioni pubbliche esprimono il desiderio di alzare il livello della sicurezza attraverso l'adozione di controlli agli accessi con diverse tecnologie (anche biometriche), mediante l'utilizzo di telecamere e di sistemi di controllo. Così il mondo dei servizi e del terziario si arma di tecnologia. E cresce il volume d'affari del commercio elettronico, aumentando il volume di transazioni di pagamento online, con ricadute sulle attività bancarie e di sicurezza.

L'osservazione è la base di ogni sana riflessione. Se si impara a scrutare la realtà per cogliere nel presente i germi del futuro, allora si è parimenti sensibili per individuare i settori maturi, che potrebbero anche essere interessanti ma per i quali non vale la pena dannarsi. Così, dai segnali che si colgono sul mercato, un settore la cui contrazione potrebbe proseguire anche nel corso dei prossimi anni è quello legato all'editoria cartacea. La crescita dei nuovi canali multimediali (TV satellitare, TV digitale, Internet, web communication, web-TV, solo per citare gli esempi più famosi) sta comportando una redistribuzione delle risorse pubblicitarie. Ne risultano penalizzati i quotidiani, le riviste, i periodici, i cui costi di produzione e di diffusione sono comunque previsti in crescita. È molto probabile che sempre più lettori si spostino

PC o di televisori – a meno che non si abbiano particolari idee innovative –, potrebbe forse essere interessante specializzarsi in attività che sappiano coniugare la vendita all'assistenza e alla riparazione conto terzi di apparecchiature elettroniche ed elettrodomestici. È probabile che possa anche crescere un parallelo mercato di prodotti di elettronica e di computer usati, gestiti da esperti delle riparazioni, soprattutto nelle città minori e nelle zone rurali. Analogamente, diventa sempre più consistente – e impellente – il problema della gestione dei rifiuti "tecnologici": da televisori e personal computer, da monitor, registratori e playstation che vengono dismessi, possono essere recuperati materiali e materie prime riciclabili. Plastiche, rame, metalli vari: le apparecchiature elettroniche sòno una miniera di opportunità, se solo le si osserva con le lenti giuste. Per trattare questo tipo di "rifiuti" occorrono competenze, impianti e spazi adeguati, ma non mancano le aziende interessate a riacquistare i componenti e i materiali che si riescono a riciclare.

Altri settori che mostrano forti contrazioni del giro d'affari e la cui crisi potrebbe durare ancora qualche anno sono l'automobilistico, l'immobiliare, la produzione di software. A meno di non avere idee brillanti e forti relazioni con alcune grandi aziende di questi comparti per lo sviluppo di accordi pluriennali, è altamente rischioso entrare nell'arena della competizione con una propria attività senza ideare nuove formule innovative con cui presentarsi (come si potrà vedere nelle pagine seguenti). Le stesse riflessioni potrebbero valere per alcune realtà del tessile, che da alcuni anni è sottoposto a ridimensionamenti a causa della crescente concorrenza della produzione orientale.

I nuovi stili di vita

Per prefigurarsi un modello di nuova impresa è utile chiedersi anche su quali valori sarà imperniata la società del prossimo futuro. Un'idea imprenditoriale, qualunque essa sia, deve adattarsi all'ambiente e alla moralità circostante. Gli stili di vita dei cittadini cambiano nel corso degli anni (anche a causa della crisi) e con essi i prodotti che si acquistano. Oggi viviamo in una realtà economica dove si è imposto un intreccio quasi paradossale di tendenze in atto: accanto alla presenza di uno stile di vita *low cost* si trova una diffusione crescente di SUV e di auto di medio-alta cilindrata. Il mercato delle vacanze in Italia mostra segni di rallentamento, ma la macchina del turismo *last-minute* non sembra essersi inceppata. Cosa sta accadendo, là fuori nel mondo, che non si è ancora compreso? Ognuno può dare la risposta che meglio crede a questa domanda. I buoni imprenditori sono quelli che – lapalissianamente – hanno saputo dare una giusta interpretazione ad almeno una tendenza in atto nella storia e l'hanno cavalcata con successo.

Per poter proseguire in quest'analisi occorre fare due considerazioni preliminari. La prima riguarda i tempi che viviamo. Che lo si voglia o no, crisi e caos sono presenti in tutte le epoche storiche e se dovessimo chiedere a un cittadino dell'antica Roma imperiale che idea si fosse fatta della sua società non userebbe certo definizioni nette e definite. Questo per dire che, per quanto incomprensibili, certe contraddizioni fanno parte della vita stessa. La convivenza tra ordine e caos è un dato naturale con cui occorre convivere, soprattutto in una società democratica e liberale – per giunta avviata verso un modello multiculturale, multietnico e multireligioso – come la nostra. In sostanza, se proprio vogliamo guardare più in profondità, progresso e declino sono due macrotendenze che in economia convivono sempre: alcune realtà e professioni declinano e scompaiono mentre altre nuove crescono e si affermano.

La seconda riflessione – strettamente correlata alla prima – riguarda la prospettiva di valutazione del mercato alla luce dei cambiamenti in corso nella società. Partiamo da una considerazione: se il supermercato in cui io vado a fare la spesa dovesse campare solo su individui che hanno il mio stile di vita e il mio livello di consumo, molto probabilmente chiuderebbe dopo pochi giorni. Perché invece resta aperto e fa anche buoni affari? Rispondere che al mondo ci sono molti individui, ognuno dei quali ha gusti e stili di vita propri, è la risposta giusta, ovviamente. Ma non è quella che ci serve. La risposta più corretta sta in una sfumatura del ragionamento. Questa: «Il supermercato ha successo perché al mondo c'è tanta gente che la pensa diversamente da me». Un imprenditore dovrebbe porsi in quest'ottica. Il mercato è grande, non è solo la proiezione dei miei desideri e dei miei valori. L'impresa è allo stesso tempo al servizio e alla guida delle nuove tendenze. A ben guardare, molte imprese di successo si sono sviluppate su esigenze emergenti che sono state colte prima di altri. La risposta ai nuovi bisogni è stata efficace, con modelli organizzativi e con prodotti adeguati. Il modello di vita *low cost*, per tornare a uno dei punti di partenza di questa riflessione, è il frutto di una serie di fattori concatenati, come perdita del potere d'acquisto dei salari medio-bassi, avanzata di una concorrenza orientale a prezzi bassi su una gran scala di prodotti di largo consumo, buona qualità di prodotti non di marca ecc. Questi sono elementi della storia che aziende come Lidl e Ikea hanno saputo interpretare molto efficacemente. Un'altra azienda, Ryanair, ha aperto i cieli al basso costo e ha dettato legge nei nuovi equilibri commerciali del traffico aereo. Tutto questo per dire che un potenziale imprenditore deve sapersi porre in ascolto delle dinamiche, spesso latenti, della vita e dei cambiamenti. Da questa capacità dipende molto del suo successo. Il futuro è già vivo e operante, in germe, nel presente.

Un pianeta verde

Un'altra tendenza in atto, che merita grande attenzione e che sicuramente costituirà un asse portante del progresso sociale nei prossimi anni, è costituita dallo stile di vita legato al rispetto dell'ambiente, alla sostenibilità, non ancora pienamente realizzato ma in grado di definire un nuovo ordine economico, un sistema che è già stato definito *green economy*. I paesi più industrializzati hanno siglato accordi importanti, come il Protocollo di Kyoto, per ridurre l'emissione di anidride carbonica, il gas serra che rischia di indebolire la sopravvivenza di vita sulla Terra e che secondo molti osservatori è causa di surriscaldamento. Nel corso dei prossimi anni saranno attuate rigorose politiche di risparmio energetico, si svilupperanno progetti di efficientamento in diversi settori: produttivo, informatico, edilizio-abitativo, solo per citare i più significativi. Molte aziende dovranno convertire processi e prodotti, per renderli più ecologici e compatibili con l'ambiente. A fianco di tutto ciò dovrebbe crescere anche la filiera dei prodotti agricoli biologici, la vendita diretta dai coltivatori ai consumatori, la diffusione di una cultura più attenta ai temi della sostenibilità, la valorizzazione della produzione equa e solidale. Insomma, è un mondo tutto in effervescenza, dal quale potrebbero scaturire importanti innovazioni, fortificate dalla crescita del commercio mondiale, delle reti logistiche e dei network di informazione e comunicazione. È *in itinere* lo sviluppo di un modello in grado di contemplare al suo interno tanto la competizione quanto la cooperazione internazionale. Ed è su questa macrotendenza che molte istituzioni e diversi investitori stanno concentrando la loro attenzione per dare al futuro dell'economia un volto più verde, dove il benessere delle persone possa coniugarsi con la qualità dell'ambiente. Nell'ambito dell'economia legata ai prodotti naturali, biologici e tradizionali, si è sviluppato il filone del cibo naturale e del commercio equo e solidale, oltre a quello della produzione agricola con vendita a chilometro zero. In questi segmenti, nel nostro paese operano già oltre 150.000 imprese, gran parte delle quali cooperative, che si prefiggono lo scopo di far conoscere e di vendere anche coloniali (caffè, tè, cacao e altro) provenienti da altre nazioni e frutto di progetti di sviluppo. La rete commerciale è priva di intermediari, in modo che i prezzi restino bassi e che i proventi dell'attività di vendita possano raggiungere direttamente i contadini e artigiani produttori. Secondo le ultime stime, questo settore tiene impegnato oltre un milione di italiani e rappresenta poco meno del 4% della ricchezza prodotta ogni anno.

2. Natura e tradizione

Per quanto la tecnologia abbia invaso le nostre attività domestiche e lavorative quotidiane (compresa l'alimentazione che, almeno nelle grandi città, si orienta verso il binomio prodotti surgelati-forno a microonde), è sempre più impellente il desiderio di prodotti naturali e di ritorno alla tradizione. Nei supermercati, oltre che in diverse attività commerciali, il settore dei prodotti biologici si è allargato. Sono nate catene di negozi in franchising dedicati a cibi salutistici. Si è sviluppata una cultura denominata "Slow food", contrapposta al regime dei "Fast food", che punta a recuperare il senso e il gusto dei sapori tradizionali. Questi valori non sono presenti solo nel campo alimentare. Da anni a Milano nella prima decade di dicembre si svolge la Fiera dell'artigianato, meta di un numero crescente di visitatori che cercano prodotti semplici per l'arredamento, l'abbigliamento, l'oggettistica da regalo, la decorazione e i servizi alla persona. In vetrina si presentano artigiani della tradizione orafa, della pelletteria, della sartoria, della vetreria e di altri settori che cercano di resistere al tempo e alle tentazioni delle nuove tecnologie. Molti lavori si tramandano a livello familiare, ma da anni le associazioni di categoria cercano di estendere la catena delle conoscenze anche ad altri aspiranti artigiani che sappiano valorizzare e insieme personalizzare l'offerta. Anche la bioedilizia sembra promettere il recupero di fatture tradizionali, con l'utilizzo di mobili in legno e di tessuti naturali per l'arredo.

La biodegradabilità dei prodotti e degli oggetti è un altro filone interessante e non ancora maturo, in grado di coniugare il valore della tradizione e il rispetto dell'ambiente allo sviluppo tecnologico. Si pensi a quanto potrebbero trovare impiego imballaggi a base di materiale naturale completamente biodegradabile: si eviterebbe così l'inquinamento derivante da plastiche di varia natura. Il rispetto dell'ambiente è un tema su cui possono convergere molte idee e attività imprenditoriali connesse.

Nel campo alimentare molte imprese – che magari esistono sul mercato da decenni – stanno ripensando la loro produzione in vista dei gusti che cambiano e delle richieste delle famiglie, sempre più attente alla salute. Al salumificio Raspini di Scalenghe, in provincia di Torino, si è cominciato alcuni anni fa a produrre insaccati con una drastica riduzione della componente di grassi. Il suo titolare, Umberto Raspini, è convinto che entro qualche anno si possa affermare nelle reti distributive anche un prosciutto che tenda a essere completamente privo di grassi, per incontrare per esempio le esigenze dei bambini e degli anziani.

Anche uno storico pastificio come Rummo, che ha sede a Benevento dove è stato fondato oltre 160 anni fa, ha riorganizzato tutte le sue attività per affermare il modello della pasta "come si produceva una volta". Il rispetto delle ricette tradizionali si sposa con la tutela ambientale attraverso l'acquisto di semole di primaria qualità e l'applicazione di rigorose procedure produttive che però non cancellano il forte carattere artigianale dell'azienda. Grazie a questa capacità vengono tramandate di generazione in generazione oltre 140 tipologie di pasta, con un fatturato che negli ultimi anni ha sempre fatto registrare una crescita costante, a testimonianza che la tradizione "paga".

Fra le tendenze in atto, è confermato da più parti che il consumo dei prodotti biologici non conosce rallentamenti. Secondo una ricerca compiuta da Astraricerche, «la percentuale di donne italiane che usano prodotti bio è aumentata del 60% negli ultimi due anni, passando da 3,7 milioni a 6,1 milioni». C'è una generalizzata richiesta di naturalità, che dal prodotto alimentare si sta estendendo anche all'abbigliamento e all'arredo domestico. L'azienda veneta AgricolaGrains, fondata dai fratelli Roncon nel 1991 ad Arre, nel padovano, si è specializzata nella fornitura dei prodotti base per le imprese che operano nella bioagricoltura. In catalogo si trovano anche servizi di consulenza per assistere le fattorie e le cascine nel passaggio dai sistemi di coltivazione intensiva a quelli più legati alla tradizione e al territorio, che richiedono la certificazione. I fratelli Roncon puntano ad assistere la commercializzazione dei prodotti biologici italiani in paesi dell'Unione Europea. Nel nostro paese la quota di ettari da poter destinare all'agricoltura biologica cresce di anno in anno, ma c'è poco controllo sulla qualità della filiera e AgricolaGrains è nata anche per soddisfare questo bisogno di tracciabilità, visibilità e reputazione.

I comparti che più di altri rappresentano un baluardo difensivo della tradizione e del modello produttivo basato sulla qualità e sulla natura sono senz'altro quelli legati all'agroalimentare, al turismo e, non ultimo, all'artigianato in senso ampio. Secondo una stima di Confartigianato, nel 2010 le nuove imprese nate nel settore sono state circa 32.600, una crescita del 5,2% rispetto all'anagrafica dell'anno precedente, con una fortissima prevalenza di nuove costituzioni di aziende da parte di individui con meno di 40 anni, a conferma del fatto che il nostro paese presenta due facce: da una parte un'elevata disoccupazione giovanile e dall'altra la manifestazione di una robusta e convinta volontà di fare impresa. La classifica delle regioni con il maggior numero di artigiani under 40 vede in testa la Lombardia (120.000 imprese, 18,5% del totale), seguita da Veneto (10,3%) ed Emilia-Romagna (10%). Ma l'anno scorso c'è stato un vero e proprio boom di imprenditori nel Mezzogiorno (+8,9%, con punte del 19% in Calabria e dell'11,9% in Sicilia).

In aumento anche i numeri del turismo ecologico e sostenibile, cioè di quella forma di vacanza che si trascorre a contatto con la natura, in strutture ricettive accoglienti, dove prevalgono gli aspetti del relax, del benessere e della corretta dieta alimentare. Secondo Unioncamere, in Italia il turismo ecologico presenta un valore superiore ai 10 miliardi di euro e coinvolge intere filiere produttive e progettuali, quali la costruzione di alberghi e agriturismi *green*, dove il risparmio energetico e la sostenibilità si applicano all'architettura: bioedilizia e bioarredamento, impianti fotovoltaici e nuova termotecnica sono le discipline che i giovani architetti studiano.

Lo studio di architettura di Diego Guerreschi a Riva del Garda, per esempio, si sta specializzando nella progettazione di alberghi riciclabili al 100%, dal momento che la maggior parte delle strutture come palestre, piscine e centri benessere richiede intensi lavori di manutenzione, che diventano inutili dopo il settimo anno di vita.

Insomma, grazie a questo nuovo modello di valori e di esperienze si apre – o si modifica – un mercato della vacanza da trascorrere all'insegna del vivere sano. Gli ecoturisti – recita una ricerca di Coldiretti – cercano il contatto con la natura (38%), ma anche tranquillità (14%), tradizioni folcloristiche ed enogastronomiche (13%), la possibilità di avere prezzi più bassi rispetto all'offerta turistica tradizionale (10%) e, infine, l'opportunità di praticare sport e attività all'aria aperta (9%).

Tra le idee più curiose e innovative che sono apparse recentemente nel settore dell'agriturismo c'è da segnalare la Locanda dell'Arte a Solonghello, nell'alessandrino. Situata nella zona collinare del Monferrato, questa fattoria accoglie, oltre alle strutture del benessere e del relax, anche mostre permanenti di arte, pomeriggi e serate musicali, tanto che la maggior parte della clientela è costituita da artisti o persone che vogliono trascorrere vacanze anche brevi in compagnia di pittori e musicisti che "creano" le loro opere in aperta campagna.

Cooperativa per mangiare sano

Mauro, Davide e Antonio sono tre amici. Vivono a Pescara e sono accomunati da una drammatica esperienza. Tra l'estate del 2007 e la primavera dell'anno successivo, per alterne vicende, si sono trovati senza lavoro. Così, insieme, parlando e dibattendo, si sono sostenuti e aiutati. Al punto che, spinti dalla necessità e dalla voglia, hanno pensato di dar vita a un'iniziativa imprenditoriale per togliersi dalle sacche dell'inattività. Dapprima è stata una battuta di Mauro, poi una riflessione allargata, quindi un sogno da realizzare. Il trio ha chiesto informazioni alla Camera di Commercio, ha consultato esperti di diritto e di contabilità. Insieme hanno letto libri e si sono scambiati articoli di giornale. Nell'estate del 2008 hanno dato vita a Mangiasano, una cooperativa sociale per lo sviluppo dell'agricoltura biologica e il consumo di alimenti della tradizione contadina abruzzese, scommettendo sulla possibilità di creare un mercato di prodotti salutari e concorrenziali a quelli di tipo industriale. Così hanno creato e depositato il marchio Mangiasano e su questo hanno poi creato una linea di prodotti completa: pasta, passata di pomodoro, olio, formaggi tipici, vino DOC.

Insieme hanno aperto un sito per promuovere l'attività commerciale e si presentano alle fiere di settore. Sono tre persone, non tre nomi fittizi: si chiamano Mauro Dezi, Davide Zavatta e Antonio Buttiglione. Un piccolo club dei talenti che ha reagito alla crisi, al disagio sociale e all'emarginazione, affrontando di petto la realtà e facendo ogni giorno i conti con la fatica, il sacrificio e il rischio, ma senza mai perdersi di coraggio. «La nostra attività – sottolinea Mauro Dezi – è molto varia. Da una parte ci impegniamo ogni giorno per tenere i contatti con le fattorie agricole di qualità, dalle quali prendiamo i prodotti naturali. Dall'altra dobbiamo lavorare anche sugli aspetti commerciali perché, per poter assicurare un reddito adeguato alla società, il solo bacino locale non è sufficiente. Abbiamo bisogno di creare una rete che sappia diffondere la cultura e il gusto del mangiare secondo natura, che poi è il segreto e il valore aggiunto del nostro modello alimentare». Da qui la necessità di presentarsi a fiere di settore anche in città lontane, per promuovere un marchio che raccoglie diverse decine di prodotti del Made in Italy. «In questo periodo – illustra ancora Dezi – siamo ancora in piena fase di lancio, ma le premesse sono positive e accattivanti, almeno per quanto riguarda lo sviluppo sul territorio nazionale, dove si punta sulla presenza di numerosi gruppi d'acquisto solidale e sulla crescita dei punti di vendita legati alla produzione biologica e alla tradizione. Poi si vedrà, in quanto sono sempre più numerose le manifestazioni di interesse da parte di operatori commerciali che lavorano con realtà distributive in Germania».

Un bar con l'emporio del Made in Italy

Non lontano dal casello autostradale di Affi, sulla Verona-Brennero, c'è un centro commerciale che catalizza l'attenzione dei turisti in transito per le vacanze sul lago di Garda o in Trentino e quella degli autotrasportatori che caricano e consegnano merci nelle varie zone industriali sparse lì intorno. In questo contesto, di traffico intenso ed eterogeneo, tra numerosi punti vendita si trova un bar che assomma tante caratteristiche e funzioni da renderlo unico. Se entrate all'Affi Wine Bar, infatti, può capitare che all'ora di pranzo possiate ascoltare il concerto di un chitarrista che canta e suona le sue melodie, mentre vi servono piatti caldi e specialità preparate al momento. Non solo. Alla cucina – che peraltro si svolge sotto gli occhi dei clienti – si affianca un servizio di gastronomia pronta consegna: se non avete tempo di sostare o il locale è gremito, potete adottare la formula del *take away* e assaporare in auto le degustazioni del giorno. Ma tutto ciò non esaurisce l'offerta che il suo fondatore, Gilberto Santoro, ha progettato per quel locale. Infatti, c'è anche un emporio dove si possono acquistare confezioni di vini e liquori rari come anche tipi di pasta e di dolci della tradizione italica. Sugli scaffali prevalgono prodotti di qualità e per loro natura quasi introvabili. Ci sono anche tavolette di cioccolato di varie case artigianali provenienti da ogni parte della Penisola.

Tutte queste merci – soprattutto gli spumanti, le grappe e i superalcolici aromatizzati e d'annata – non sono proprio a buon prezzo, ma sono comunque oggetti molto ricercati, perché sono prodotti in quantità limitata e non si trovano nei grandi magazzini. E il suo titolare li conosce a uno a uno, grazie all'esperienza accumulata in molti anni di esercizio. «Quando ho cominciato, una ventina d'anni fa – racconta Santoro – il negozio era basato sulla sola vendita di prodotti dolciari. Ero stato chiamato dalla società Del Colle a gestire un punto vendita specializzato nei pandori e nei dolciumi. Da quel momento è partita la mia avventura, prima come dipendente e poi, dopo qualche anno, ho rilevato il negozio e ne sono diventato il titolare. Per farlo ho costituito una società in accomandita semplice con mio figlio».

Per avviare l'impresa, Santoro ha fatto ricorso a prestiti bancari e ha trattato le condizioni di pagamento con i fornitori al fine di avere le maggiori tutele possibili e un certo grado di autonomia e libertà, che erano fondamentali per i suoi progetti. A quel punto la scommessa era partita e non era più necessario agire come un monomandatario o un esclusivista. Da qui in avanti la storia si arricchisce via via di nuove idee e opportunità, grazie alla conoscenza del mercato e dei prodotti, che quel crocevia di transito consentiva. Nel suo bar entravano per una sosta – come del resto accade ancora oggi – varie tipologie di uomini d'affari: il produttore, il commerciante, l'intermediario, l'agente, il promotore, il trasportatore. Tutte figure che nel corso del tempo lo hanno stimolato ad aprire nuove sezioni o ad acquisire nuova merce da mettere in vetrina. «Adesso lavorano con me otto collaboratori – prosegue Santoro – e il giro d'affari del nostro bar emporio supera abbondantemente il milione di euro. Anzi, prevedo che il fatturato si possa ulteriormente incrementare. Non ho subito gli effetti della crisi – che pure c'è stata – e tra pochi anni, quando avrò terminato di pagare il mutuo, mi piacerebbe fare società proprio con i miei collaboratori perché sono persone valide e capaci, che credono come me in quello che fanno. E, perché no, mi solletica anche l'idea che si possa duplicare questo modello in altre zone. Una volta che esistono un marchio e uno stile si può anche avviare un progetto di crescita per moltiplicazione dei punti vendita. D'altronde abbiamo numerosi esempi di questo tipo presenti sul mercato, ma sono scarsi quelli basati sul Made in Italy, che nella sua tipicità non è industriale ma artigianale».

Analizzando e interpretando i dati contabili, emerge che nel business dell'Affi Wine Bar è in sviluppo costante soprattutto la parte legata alla ristorazione, cresciuta negli ultimi periodi al ritmo del 10-20% medio annuo, mentre la parte dell'emporio di specialità mantiene un livello di vendite piuttosto costante o in leggero incremento. «Questo risultato – spiega il titolare – è anche l'effetto di un maggiore investimento che proprio alcuni anni fa ho avviato sulla cucina, per andare incontro a una domanda che avevo percepito tra la clientela». L'imprenditore è tuttavia consapevole che le diverse anime della sua molteplice e poliedrica attività sono necessarie e di supporto le une alle altre, come un tutto inscindibile, perché il valore del servizio sta nella varietà dell'offerta.

L'ecopesticida che non inquina

Anche gli insetti si ammalano. Partendo da questo semplice dato di fatto il sassarese Luca Ruiu (34 anni) ha pensato di mettere a punto dei pesticidi naturali. E di costruirci un potenziale business con una società ai nastri di partenza che si chiama Bioecopest. Niente sostanze chimiche per i pesticidi *green*, ma solo derivati naturali dei nemici degli insetti come batteri, virus e funghi non dannosi per l'uomo e per le piante. Tra le sostanze già brevettate dal ricercatore sardo c'è proprio un batterio, una particolare variante del *brevibacillus laterosporus*, un biomoschicida naturale per il quale si stanno già studiando molte applicazioni. Unica difficoltà: l'iter italiano perché queste sostanze siano approvate è molto lungo (da D. Lepido, "Le imprese creative a caccia di investitori", *Il Sole 24 Ore*, 31 dicembre 2009).

Il mite ragioniere che sa fare le scarpe ai clienti

Con le sue mani taglia il pellame. Mette in forma il cuoio. Modella la scarpa sulle misure del piede dei suoi clienti. L'originalità e la personalizzazione sono le armi di Carlo Leoni, un artigiano con una ditta individuale a Bussolengo, nel veronese. Nel laboratorio, dove campeggiano cumuli di ritagli di variopinto pellame e strumenti come forbici, punzoni, punteruoli e tirasuole, lui e la moglie danno spazio alla fantasia e alla creatività. Insieme producono scarpe che puntano a essere eleganti e di classe. «Avevo cominciato a produrre in proprio nel 1994 pedule da lavoro e scarponi cuciti a mano, molto apprezzati in Trentino – ricorda Carlo Leoni – e ancora oggi la stessa passione di allora ci fa produrre calzature con forme studiate per essere comode».

Tutte le tipologie di calzature che vengono realizzate sono cucite a mano, per garantire robustezza e durata anche in condizioni estreme. I modelli standard sono diversi, si va dalle tipiche "tirolesi" agli anfibi da caccia, dai mocassini morbidi in pelle di cervo alle classiche "coda di rondine" con doppio fondo di cuoio, in perfetto stile inglese. «Ho cominciato a fare questo lavoro dopo essermi diplomato in ragioneria, seguendo le orme di chi me lo ha insegnato – dice Carlo, che ha poco più di quarant'anni – e ora mi rivolgo prevalentemente a clienti che per sfizio o per necessità chiedono una particolare attenzione alla calzatura che vogliono indossare». Persone che, per esempio, hanno avuto incidenti o che portano gli esiti di patologie alle gambe e alle estremità inferiori, ma anche più semplicemente appassionati della comodità e del benessere, sono sensibili a una produzione che sposa l'estetica alle esigenze personali. Per alcune particolari operazioni di precisione, come per esempio la cucitura della tomaia, viene coinvolta un'esperta che collabora dal suo domicilio. Un'attenzione per i particolari, che conferisce pregio al prodotto.

Nel complesso, questa capacità industriosa e artistica è riconosciuta da negozi e privati, che si rivolgono alla Calzoleria Leoni con ordini precisi per dimensioni, quantità e qualità. «Mentre realizzo un paio di scarpe penso ai piedi a cui è destinato. La soddisfazione del cliente – dice Carlo – si raggiunge conoscendone gli aspetti psicologici: bisogna capire che cosa vuole. Ma questo non basta. Si devono infatti conoscere in maniera approfondita anche gli aspetti anatomici del piede da cui dipende la calzata. Per questa ragione ho frequentato un corso di podologia alla facoltà di Medicina di Verona, organizzato dall'associazione provinciale degli artigiani. Ci sono poi, per mantenere sempre viva l'attenzione verso questo genere di problemi, le fiere specializzate, lo scambio di informazioni tra colleghi».

L'attività è fedele alla tradizione e si svolge nel filone classico dell'artigianato, ma sarebbe ingeneroso confinare questa laboriosità solo alla manualità. «Nel futuro – prosegue Carlo – prevedo che il mio lavoro possa evolversi verso una nuova dimensione, che sappia tener conto delle nuove tecnologie e degli studi medici aggiornati. Le forme del piede possono essere digitalizzate e sul computer si possono già oggi visualizzare modelli di scarpe a tre dimensioni: soluzioni che sarebbero utilissime per dare risposte ancora più adeguate a clienti particolarmente esigenti. È nei miei desideri aprire un ramo di attività interamente dedicato a chi ha problemi ai piedi e perfezionare così l'offerta di un servizio, oltre che la vendita di prodotti».

Carlo ritiene che se avesse degli apprendisti, questi avrebbero la possibilità di imparare un mestiere sul campo: la sua attività, infatti, potrebbe essere di interesse anche per chi si affaccia sul mondo del lavoro, a patto che abbia l'umiltà e la pazienza di "andare a bottega".

Per affrontare il mercato, Carlo e la moglie, che hanno anche aperto un sito Internet per farsi conoscere da una platea sempre più vasta di potenziali clienti, riescono ad adeguare i prezzi della loro calzoleria a quelli della concorrenza industriale di medio-alta qualità con cui sono chiamati a confrontarsi ogni giorno. «Le nostre scarpe – conclude l'artigiano – hanno un costo del tutto allineato a quelle di una buona calzatura acquistata in negozio. Da questo punto di vista siamo del tutto competitivi e ciò che ricaviamo dalla nostra attività è più che soddisfacente per mantenere e assicurare alla famiglia un tenore di vita normale. Si tratta di rispondere alla domanda sul senso della vita con il desiderio di un adeguato equilibrio e rispettando la propria indole». Valori che Carlo desidera trasmettere ai suoi due figli, ai quali non disdegnerebbe di tramandare un bagaglio di utili esperienze, perché possano essere condivise e accresciute.

Anche il pannello può essere ecologico

C'è un'esperienza che mette in evidenza come alcuni imprenditori, grazie alla loro intuizione e alla necessità che fa aguzzare l'ingegno, siano riusciti ad anticipare i tempi, osservando la realtà circostante e cercando di cavalcare le tendenze sin dal loro apparire. In un certo senso aveva saputo vedere lontano, con decenni di anticipo, intuendo che il legname sarebbe diventato sempre più scarso e prezioso: questa storia comincia nel 1963, quando Mauro Saviola, insieme al fratello e a un cugino, fonda a Viadana, nel mantovano, la Sadepan, una società per la produzione di pannelli truciolari. Il progetto di dedicarsi alla produzione di pannelli ricavati dal legno di scarto era maturato nella mente di Mauro nel corso di una trasferta in Germania. Dopo aver visitato un impianto di produzione di pannelli partendo da rami d'albero triturati e successivamente pressati, il pensiero era corso alla moltitudine di rami e tronchi che si accumulavano lungo le rive del Po. Da qui alla considerazione del fatto che quello dei pannelli in legno riciclato, soprattutto vista l'espansione del mercato dell'arredamento, poteva facilmente rivelarsi un commercio redditizio, il passo fu breve. In quegli anni Viadana era conosciuta nel mondo economico per alcuni prodotti alimentari e per la produzione di scope, settore che anche Saviola conosceva. Mauro aveva infatti cominciato a lavorare a 11 anni nel laboratorio del padre ebanista, che produceva manici per scope. L'arrivo dell'aspirapolvere mise prima in crisi il polo delle scope. Poi la diffusione del butano mise in ginocchio l'acquisto di legna da cucina. Ma nonostante tutto ciò, Mauro comprese che la tendenza di fondo sarebbe stata un'altra.

Viadana è un comune che si affaccia sulle rive del fiume più lungo d'Italia e in intere zone, tra gli argini e le aree agricole, si coltivano i pioppi, che richiedono molta acqua, umidità e luce. Si pensava che quei pioppeti potessero rappresentare miniere naturali inesauribili, per fare la carta o altri prodotti. Ma non era così. E Mauro Saviola se ne rese conto presto, convinto che il mercato, con l'andare degli anni, non sarebbe più riuscito a soddisfare la crescente domanda di mobili in legno per la progressiva e relativa scarsità di risorse rispetto all'aumento demografico e della ricchezza di una buona parte della popolazione. I segnali che l'ambiente e i viaggi gli avevano fornito sono stati anche quelli che gli hanno fatto individuare la strada da seguire. L'attività di produzione dei pannelli truciolari era partita con l'impiego della ramaglia di pioppo, ma poi la quota di utilizzo di materiale di scarto crebbe negli anni. Gli impianti di pulitura del legno usato – recuperato sia dalla raccolta differenziata sia dalla raccolta presso industrie di lavorazione del legno – sono andati progressivamente a sostituire in ogni stabilimento le linee di macinazione dei tronchi, che nel 1997 vengono smantellate definitivamente. Da quel momento in poi il gruppo utilizza esclusivamente legno usato per produrre un pannello al 100% in legno post-consumo.

Opportunamente trattati e rivestiti, i pannelli costituiscono la base con cui i mobilieri costruiscono i loro componenti d'arredo per la casa e per l'ufficio: cucine e camere da letto, ma anche divani, mobili, armadi, scaffalature, mensole e altro. Su quest'idea si è sviluppato un business che oggi conta una rete di 12 aziende, 17 stabilimenti produttivi, oltre 1700 dipendenti e un fatturato consolidato che supera i 600 milioni di euro. Ogni anno viene riciclato oltre un milione mezzo di tonnellate di legno vecchio, l'equivalente di 10.000 alberi risparmiati ogni giorno, ovvero 4 milioni di alberi all'anno.

Al momento della prematura morte di Mauro, nel 2009, le redini del gruppo sono state prese in mano dai figli Alessandro e Alfredo. «Non abbiamo ceduto alla tentazione di vendere, nonostante le pressanti richieste da parte di investitori e gruppi industriali stranieri – precisa Alessandro Saviola –, perché riteniamo che l'attività abbia in sé una serie di indubitabili valori, legati al territorio, all'ambiente e alla cultura che li esprime. Il recupero del legno e il suo riutilizzo si inseriscono nel solco del nuovo modello economico che avanza e che qualcuno ha chiamato *green economy*. Eppure per noi sono da sempre il rispetto della natura e, al contempo, della tradizione produttiva della nostra terra». In questi mesi il gruppo Saviola ha in corso una serie di trattative e accordi per aumentare il volume del legno post-consumo da impiegare nei propri impianti: si pensa a nuove quote di importazione, a intese con amministrazioni pubbliche e a dialoghi con enti stranieri e società internazionali. «Il nostro modello produttivo – precisa ancora Alessandro Saviola – interessa anche ad alcune realtà federali degli Stati Uniti d'America, che finora hanno puntato sull'utilizzo di ingenti quantità di legno vivo, proveniente dalle immense distese di foreste. Ma anche da loro comincia a farsi strada una cultura ecologista e sono in molti, tra enti pubblici e imprenditori, a guardare con grande interesse alle nostre soluzioni, ai nostri brevetti produttivi, insomma, al nostro know-how». E sono così in corso alcuni progetti per realizzare joint-venture con operatori statunitensi, per costituire fabbriche che duplichino *in loco* il recupero e il riutilizzo di legno di scarto. Con lo stesso spirito con cui Mauro aveva sviluppato l'attività: anche il pannello può essere ecologico.

3. Salute e sicurezza

La popolazione italiana, per quanto sia in buona parte distribuita in piccoli centri urbani e in campagna, tende comunque da anni a concentrarsi nelle grandi aree metropolitane, più generose in termini di servizi e di opportunità. Dal punto di vista demografico, poi, è sotto gli occhi di tutti quanto cresca la percentuale delle persone anziane: una ricerca dell'Istituto Dondena dell'Università Bocconi di Milano ha stimato che, seguendo l'attuale tendenza e salvo cambiamenti di rotta, fra il 2030 e il 2050 la percentuale degli over 65 potrebbe essere pari a oltre un terzo della cittadinanza complessiva. Gli stili di vita, la cura e l'assistenza che il sistema sanitario riesce a garantire, ma anche altri fattori legati al clima e alla buona alimentazione che si trovano nel nostro paese, contribuiscono a innalzare la durata media della vita della popolazione. E ad aumentare, contestualmente, la sensibilità verso i problemi e i bisogni degli anziani. Sono infatti maggiormente diffuse le cardiopatie, il diabete, i tumori e altre patologie croniche invalidanti – come il morbo di Parkinson e l'Alzheimer, solo per fare un paio di esempi – che richiedono un'assistenza dedicata con progressivi aggravi per l'organizzazione sanitaria nazionale. Da qui hanno preso il via e sono in corso riflessioni e decisioni per demandare alla società civile e all'imprenditoria privata una serie di mansioni in grado di alleggerire il carico della sanità pubblica. E si stanno sviluppando anche prodotti e servizi per facilitare la diagnostica a distanza. Anche in questo caso, sono di supporto le tecnologie informatiche ed elettroniche.

Una società tedesca, Fresenius, sta cercando distributori in Italia per commercializzare il rene artificiale miniaturizzato, portatile e indossabile dai pazienti che necessitano di dialisi. In Italia la filiazione della Fresenius si chiama NephroCare Italia e ha sede a Napoli, dove è stata costituita una quindicina di anni fa per diffondere sul territorio le nuove soluzioni: l'emodiafiltrazione avviene a domicilio grazie al rene artificiale tascabile, ma viene controllata in remoto con un servizio telematico basato sulle reti di comunicazione e sull'utilizzo di monitor ad alta tecnologia. Grazie a questi sistemi il malato (oltre il 40% degli italiani in dialisi ha più di 75 anni) non deve recarsi in ospedale e può sottoporsi al trattamento anche durante la notte.

Un secondo caso emblematico di unione tra sanità e alta tecnologia è costituito dalla soluzione Hospital Store elaborata da Laserbiomed, una start up del Politecnico di Milano acquisita da Lutech, un gruppo specializzato in gestione di servizi sanitari e di assistenza. Hospital Store è una piattaforma tecnologica che, virtualmente, consente di acquisire dati e informazioni su ogni aspetto dei reparti ospedalieri, dalle cartelle cliniche ai certificati, dalle prescrizioni mediche alle richieste di analisi specialistiche: ogni paziente viene monitorato e seguito sul piano digitale, parallelo a quello cartaceo, con l'obiettivo di sostituire nel tempo i documenti informatici a quelli fisici. La firma digitale e lo sviluppo dei sistemi informativi aiuteranno gli ospedali in questo tracciato evolutivo, consentendo risparmi di tempo e di denaro nell'ordine dei 300.000 euro a nosocomio.

Un ulteriore progetto interessante e degno di rilievo nel campo della biomedicina è rappresentato da RobyWheelChair, una carrozzella per diversamente abili governata da un sistema elettronico che consente all'utente di muoversi con disinvolta sicurezza in ogni circostanza, uscendo per esempio dall'ascensore senza rischiare di rimanere incastrato, oppure di recarsi al cinema e muoversi senza problemi tra le file delle poltrone. L'idea di questa speciale carrozzella è venuta a Giovanni di Salvo, il fondatore della società milanese che ora la produce, un giovane ingegnere con un'esperienza come capoprogettista alla divisione di ricerca di InfoSolution, azienda lombarda che si occupa di sistemi aerospaziali e robotici.

Come comparto, la telemedicina – cioè quell'insieme di tecnologie e di soluzioni che consentono la cura, l'assistenza e la diagnostica a distanza – è in rapida crescita. Il giro d'affari in Italia è aumentato di oltre il 40% in tre anni, passando da circa 140 milioni di euro agli attuali 200 milioni (stime del ministero della Sanità). Ed è in crescita tutto l'indotto legato alle cure riabilitative, ai centri di recupero e alle palestre, al benessere, alla dietetica alimentare connessa. E non solo per gli anziani: i centri per il relax e le terme stanno riscontrando un'ottima accoglienza tra il pubblico di ogni età, tanto da costituire un'offerta ad alto valore aggiunto nell'ambito turistico. Il filone del wellness è una nuova prospettiva che coniuga esercizi fisici e forme di terapie riabilitative, con una moltiplicazione dei centri e delle attrezzature dedicate, come ha dimostrato il grande successo di una società italiana quale Technogym.

Il tema della salute degli individui sarà ancora più strettamente connesso in futuro alle soluzioni domestiche, non solo per la cura, la diagnostica e la teleassistenza, ma anche per tutte quelle forme che rendono l'ambiente più sicuro e più vivibile e gratificante. La domotica è l'insieme delle soluzioni che hanno appunto il fine di estendere potenzialmente a tutta la casa le tecnologie in grado di azionare senza fatica – e magari anche a distanza – gli elettrodomestici, le caldaie, i condizionatori, le tapparelle, i sistemi antifurto, gli impianti di illuminazione interna ed esterna, i sistemi di irrigazione per terrazzi e giardini. Le case che in Italia sono governate interamente da sistemi domotici integrati erano circa 50.000 alla fine del 2010. Secondo Assodomotica, l'associazione che raggruppa le aziende progettiste e le imprese installatrici del comparto, «nei prossimi anni si registrerà una crescita delle richieste nell'ordine del 35% medio annuo, con un aumento dei sistemi avanzati sia per le case sia per le imprese». Di questo passo, entro il 2015 circa il 25% delle realtà abitative italiane, soprattutto nelle grandi città, avrà in dotazione una centralina computerizzata in grado di controllare e gestire tutte le funzioni del vivere quotidiano, con la possibilità di aumentare il livello di sostenibilità e di tutela ambientale. Insomma, andiamo verso un modello di abitazione altamente sensibile alle nuove tecnologie, che faranno aumentare il livello di sicurezza della funzione abitativa grazie a computer e sistemi di controllo sempre più sofisticati. Per affrontare questo tipo di mercato, negli ultimi anni sono nate diverse nuove imprese, come la veronese Life3, la quale punta sulla proposta di sistemi integrati a salvaguardia delle funzioni e dei beni delle persone negli ambienti grazie a un software che abbraccia ogni strumento o apparecchio presente, compresi i telefoni cellulari. Oppure come TecnoCom, un'azienda di Foligno, nel perugino, che si è specializzata nell'automazione domotica di grandi strutture ad alta complessità come centri alberghieri e termali.

A dire il vero, il confine semantico della parola "sicurezza" si è ampliato notevolmente e ora abbraccia una serie di attività: oltre a quelle domestiche e lavorative, si applica all'ambiente che ci circonda, ai trasporti, ai sistemi informatici e dei pagamenti elettronici. Più recentemente si è sviluppata anche nel nostro paese una filiera produttiva di sistemi di videosorveglianza e di controllo degli accessi. Così, per entrare nelle agenzie bancarie del futuro c'è già chi sta lavorando a soluzioni basate sul riconoscimento dell'iride, della voce e delle impronte digitali. Questo nuovo ma promettente segmento è in sensibile crescita e si basa su una serie di tecnologie che sono state definite "biometriche", per la loro predisposizione a misurare e correlare le caratteristiche biologiche degli individui che, per quanto simili, sono uniche e irripetibili.

Anche il mondo assicurativo si adegua al cambiamento e alcuni operatori hanno cominciato a interessarsi alla "sicurezza reddituale". Net Insurance, una società di assicurazione costituita a Roma nel 2000, ha elaborato una polizza contro la perdita di occupazione e di reddito, sull'esempio di quanto già sta succedendo in diverse realtà estere tra cui lo Stato di New York. Coloro che perdono il posto di lavoro hanno un'indennità per la durata di sei mesi. Per il momento gli accordi sono fatti in via sperimentale e in convenzione con enti e società, ma esistono progetti per estendere il servizio in futuro anche a privati.

Una rete di assistenza sanitaria domestica

Assistere i malati e i bisognosi di cure mediche direttamente a casa loro, 24 ore su 24, con un servizio completo che si avvale del supporto di operatori sanitari, badanti, personale infermieristico, medici professionisti specializzati e, all'occorrenza, anche psicologi, e che fornisce materiale e attrezzature clinico-diagnostiche per le necessarie analisi: tutto questo è possibile dalla metà degli anni Novanta, da quando nacque il primo punto di servizio Home Care a Reggio Emilia. Il network si è espanso negli anni con la formula del franchising e oggi conta una novantina di centri sparsi su tutto il territorio nazionale. Il nucleo fondatore è costituito da una società, ItalAssistenza, mentre il marchio che appare sui "negozi di assistenza" è definito come PrivatAssistenza. Si tratta dunque di una rete nazionale di veri e propri punti vendita di servizi di cura domiciliare per erogare assistenza a tutti i possibili casi critici presenti sul territorio: malati cronici, anziani con patologie irreversibili, diabetici, cardiopatici, ma anche depressi e bisognosi di vigilanza psicologica. Si parte dalla veglia del paziente per garantire l'igiene personale e si prosegue con l'attività medica specialistica. Intorno a questo network della "salute a casa tua" si muovono oltre 3000 professionisti, con un giro d'affari annuo aggregato di oltre 30 milioni di euro. L'organizzazione del sistema è semplice: funziona come una catena di insegne che presidiano aree geografiche definite con lo scopo di fornire assistenza sanitaria a pagamento.

È questo un settore in pieno sviluppo, a causa delle tendenze demografiche e della massiccia presenza di anziani soli e bisognosi. Secondo le linee strategiche impartite al gruppo da Sergio Torelli, l'amministratore delegato della società proprietaria del marchio, ogni centro di PrivatAssistenza deve essere gestito a livello locale da un imprenditore che viene supportato in ogni esigenza, dalla formazione alla promozione sul territorio. A sua volta, ogni centro deve operare secondo precise linee guida e adottando principi e criteri dettati da un codice deontologico, con lo scopo di diventare un punto di riferimento per i servizi socio-assistenziali della comunità di appartenenza. Dal canto suo, ItalAssistenza, la casa madre da cui origina tutta la rete, svolge trattative e firma accordi da una parte con le Aziende Sanitarie Locali (ASL) e dall'altra con le società farmaceutiche e diagnostiche per l'approvvigionamento di medicinali e attrezzature. Nel primo caso è la stessa ItalAssistenza – e non il singolo centro PrivatAssistenza – che partecipa alle gare d'appalto delle ASL per la fornitura di servizi medici e paramedici domiciliari. Nel secondo caso, la collaborazione con le case farmaceutiche consente di fornire ai malati cronici affetti da malattie complesse la garanzia di fruire in maniera costante e affidabile di farmaci salvavita e di tutte le soluzioni utili a sostenerne la salute.

L'impresa che cambia pelle

Ci sono esempi di società create grazie alla tecnologia e all'interazione di diverse discipline. È il caso di AT Grade di Milano, una srl fondata da Massimo Costa, un imprenditore ora poco più che cinquantenne. Dopo una laurea in Ingegneria nucleare e una serie di esperienze in aziende multinazionali che lo hanno chiamato a svolgere attività direttive anche all'estero, Costa decide di applicare le sue conoscenze informatiche e digitali in ambito medico e nel marzo del 2006 costituisce una realtà (AT Grade sta per "Advanced Therapies in Pharmaceutical Grade") che opera nel campo delle biotecnologie applicate per la ricostruzione tissutale. Si tratta di una srl dove lo stesso Costa detiene la maggioranza delle quote, mentre le altre sono attribuite a soci privati e istituzioni finanziarie che hanno creduto nel progetto e che sono decise a sostenerlo nei prossimi piani di sviluppo.

Che cosa fa questa azienda di particolare? Ricostruisce la pelle degli individui, per consentire loro di riparare ferite, cicatrici, danni da incidenti. Questa impresa è un nodo di competenze internazionali, che spaziano dall'Università di Miami agli atenei e ai centri di ricerca israeliani. In particolare, i rapporti professionali vengono mantenuti con le Università di New York, di Pittsburgh e di Tel Aviv, che hanno laboratori di ricerca specializzati in questo campo.

I ricercatori della società prelevano le cellule degli individui e le fanno crescere in colonie per avere del materiale biologico con cui avviare la ricostruzione delle parti offese. «Allo studio – precisa Massimo Costa – ci sono terapie cellulari di varia natura. Oggetto di indagine sono tutte le cellule, non solo quelle staminali e di derivazione dal sangue midollare. Si lavora con tessuti che provengono dalle ossa, dalla cartilagine e dalla pelle di donatori, con lo scopo di procedere lungo la strada delle tecnologie che consentono la loro moltiplicazione in vitro e in colonie». AT Grade, in cui lavora una quindicina di addetti tra ricercatori e personale di amministrazione, rappresenta un punto di eccellenza avanzato per la ricerca applicata e sempre più ospedali e laboratori vi si rivolgono per l'avvio di progetti e sperimentazioni. Fino a quando le operazioni di ricostruzione della pelle smetteranno di essere interventi eccezionali e diventeranno semplici fatti di routine. «Abbiamo chiuso l'ultimo esercizio con un giro d'affari di oltre 1,7 milioni di euro – sottolinea Costa – e in futuro guardiamo verso l'Europa, che rappresenta il nostro prossimo orizzonte dal punto di vista della presenza societaria. Agli inizi, la storia di AT Grade è stata scritta grazie esclusivamente ai fondi dei soci, ma lo sviluppo dovrà avvenire tramite i fondi per la ricerca provenienti dalle istituzioni europee, con la partecipazione ai bandi dedicati all'innovazione. E così nel corso dei prossimi anni il ruolo del mercato dovrà necessariamente crescere». Per questa ragione, oltre alla produzione e all'utilizzo di brevetti propri, Massimo Costa tiene dritte le antenne per verificare se sulle piazze internazionali esistono idee, procedure e soluzioni da acquisire in licenza, perché in questo settore, che è ampio e diversificato per quanto riguarda le competenze, ed esteso per quanto concerne la collocazione geografica, a premiare sono le alleanze con altri partner e le partecipazioni a progetti condivisi.

Noleggiare bisturi e forcipi

In meno di dieci anni di attività aveva acquisito una posizione di rilievo nell'ambito ospedaliero, come fornitore di servizi di qualità per la sterilizzazione degli strumenti da sala operatoria e per la lavanderia di tutto ciò che riguarda l'ospitalità nei reparti. In vista c'è ora un salto di qualità, perché Servizi Italia, un'azienda che fa capo al gruppo Cooperativo CoopService, ha deciso di entrare nel segmento del noleggio di strumentazione chirurgica: in sostanza, vuole dare in affitto pinze e bisturi ai chirurghi nelle sale operatorie. Nata nella seconda metà degli anni Ottanta, Servizi Italia – che è specializzata nei servizi sanitari integrati – è quotata a Piazza Affari dal 2007, nel segmento Star. Con la liquidità raccolta grazie al collocamento sul listino, la società ha operato una serie di acquisizioni (Amg di Cuneo e Padana Everest di Brescia) con cui ha raggiunto una massa critica per poter pensare ad allargare il ventaglio dell'offerta. E questa è anche l'intenzione di Luciano Facchini, l'amministratore delegato dell'azienda.

Attualmente circa l'80% del giro d'affari proviene dal settore del lavaggio e il resto dall'attività di sterilizzazione della biancheria e degli strumenti per la sala operatoria. Secondo la nuova impostazione strategica, a questa linea se ne potrà aggiungere un'altra, quella del noleggio dei kit di strumenti chirurgici, da costituire sia per vie esterne, attraverso altre acquisizioni, sia per vie interne, tramite l'ampliamento della divisione commerciale. Si tenga presente che il mercato della lavanderia legata alle attività ospedaliere vale in Italia circa 600 milioni di euro, ma può avere una potenzialità di almeno 700 milioni di euro. Altre le prospettive della chirurgia. In Italia si praticano mediamente ogni anno circa 5 milioni e mezzo di interventi in sala operatoria. Il costo medio di un servizio di sterilizzazione è compreso fra i 90 e i 100 euro a intervento, con un mercato potenziale, quindi, di oltre 500 milioni di euro. A questa cifra si può aggiungere quella del noleggio, perché a oggi la prevalenza della strumentazione viene venduta alla rete ospedaliera, ma in futuro potrà essere gestita come un bene a noleggio. Così come già oggi esistono le flotte di auto per il personale commerciale delle grandi aziende, soprattutto le multinazionali, così in futuro si potrà gestire in outsourcing l'armadietto dei chirurghi, degli anestesisti e degli infermieri delle sale operatorie. Una tendenza, quella del noleggio, che già negli anni scorsi si era estesa – *in primis* negli Stati Uniti e poi in Gran Bretagna e in Europa – alle attrezzature aziendali, agli strumenti costosi dei laboratori clinico-diagnostici, ma che non era ancora entrato nel cuore più recondito degli ospedali. D'ora in avanti le nuove idee e le nuove formule prevedono che anche questa attività possa costituire una linea imprenditoriale chiara e precisamente individuata.

Certificare gli sms

I documenti che si firmano e si spediscono per raccomandata via posta, come i contratti per l'acquisto di beni o servizi, hanno valore legale. Da molti anni la giurisprudenza considera che anche le lettere inviate via fax abbiano valore legale e possano essere prodotte come prova testimoniale in caso di contestazione commerciale. All'appello mancava la posta elettronica, ma da qualche anno è stata introdotta dal legislatore la certificazione delle mail, con la quale si assicura che, per esempio, una documentazione fiscale è stata presentata dal commercialista al fisco o da un'azienda a un suo consulente. Colui che invia una mail certificata aderisce a una complessa struttura che registra e codifica ogni invio, dandone agli interlocutori precise coordinate telematiche. Non c'è possibilità di mentire da parte di nessuno dicendo che la documentazione non è stata inviata o ricevuta: fanno fede le tracce dell'operazione, custodite dal sistema che regola e presiede la mail certificata.

Non paghi di questa completezza, Stefano Quintarelli, Luigi Orsi Carbone e Davide Marrone, tre giovani imprenditori e soci in un'impresa chiamata MobileSolutions, che opera nel segmento di Internet e della sua integrazione con la rete mobile, hanno pensato che il criterio della certificazione dovesse essere esteso anche agli sms. Sì, proprio i messaggini del cellulare! L'idea potrebbe sembrare bizzarra, ma se si pensa che è di Stefano Quintarelli, allora va presa sul serio, visto che nel 2000 – poco più che ragazzo – aveva fondato I.net, il primo Internet Service Provider in Italia, poi quotato in Borsa e quindi ceduto a British Telecom. E quanto a "pedigree" anche gli altri due soci non scherzano, perché Luigi Orsi Carbone è stato anch'egli fondatore di alcune società del settore, come Planetwork, e Davide Marrone nel 2007 ha creato Skebby, un'innovativa impresa basata sulla tecnologia per trasferire comunicazione da rete a cellulari e viceversa. Di fronte all'assenza di copertura legale sugli sms, il trio si è messo subito al lavoro nel corso del 2009 e poi, un anno dopo, ha partorito il prodotto-servizio. «Abbiamo così coperto un'area che prima non aveva questa certificazione – asserisce Luigi Orsi Carbone, che di LegalSms è il presidente – e ora possiamo rivolgerci al mercato delle aziende e di tutte le strutture che utilizzano i messaggi del cellulare per comunicare con la rete dei propri collaboratori, consulenti e anche fornitori e clienti».

LegalSms è una nuova realtà societaria nata da una costola di MobileSolutions, ma ha tutte le caratteristiche e la forza per poter camminare con le proprie gambe. Il cuore tecnologico su cui si basa il servizio di certificazione degli sms è del tutto analogo a quello della posta certificata, solo che, anziché correre sul filo, viaggia nell'etere. La società o l'ente da cui partono i messaggi invia al proprio parco utenti tale documento, che parallelamente viene archiviato in un sistema di conservazione sotto forma di documento digitale. Il sistema "traccia" tutti gli invii che, grazie ad alcuni accorgimenti software, non possono essere ripudiati dal ricevente. L'invio e la lettura del messaggio vengono codificati e l'operazione nel suo complesso viene comunicata sia a colui che ha inviato il primo messaggio, sia al sistema di archiviazione. All'interno del server che si occupa della conservazione viene identificata ogni operazione, per cliente, per orario e per tracciabilità. «Oltre a un uso privato, per sostituire comunicazioni via posta o via fax come le proposte d'ordine commerciale – suggerisce ancora Luigi Orsi Carbone –, c'è un'ampia applicabilità in ambito pubblico: pensiamo alle comunicazioni importanti in caso di chiusura scuole, scioperi di treni e mezzi pubblici, sospensione di servizi di pubblica utilità». Il progetto di LegalSms, che è stato coperto da brevetto, apre dunque le porte alla certificazione di un altro sistema di comunicazione o, perlomeno, ne getta le concrete basi.

4. Tecnologia e innovazione

Nessuno ha la sfera di cristallo per prevedere il futuro. Ma sono sotto gli occhi di tutti le nuove tecnologie, che sono in grado di anticipare le tendenze e gli stili di vita dei prossimi anni. È indubitabile che Internet e la fonia mobile, come del resto anche il commercio e i pagamenti in formato elettronico, prenderanno sempre più piede. La scienza e la tecnologia realizzano progetti che sono in grado di migliorare la realtà e che consentono la nascita di nuove attività e di nuovi servizi. Attenzione dunque alle innovazioni che giungono dall'applicazione di nuove idee e brevetti promettenti in settori quali informatica, telecomunicazioni, energia, trasporti ecologici, batterie elettriche ricaricabili, recupero e riciclaggio di materiali nobili, agricoltura intensiva, robotica, diagnostica, nuovi composti e biotecnologie, solo per citare i più importanti e significativi.

Secondo una certa matrice culturale, che in altri paesi più avanzati è ampiamente condivisa, l'innovazione tecnologica è ciò che viene a modificare gli assetti produttivi, i comportamenti e gli usi di una collettività. E tutto ciò non richiede solo brevetti, invenzioni, ritrovati e via discorrendo. Servono anche capitali: sono gli investimenti a fare la differenza. Per esempio, se ognuno di noi nella propria abitazione cambia una lampadina e mette una luce a led, si tratta di una scelta individuale e marginale. Ma se ognuno di noi, nell'ambito del budget familiare, decide di sostituire l'intera dotazione di lampadine al tungsteno con nuove soluzioni a led, be', allora, in questo caso si tratta di innovazione tecnologica: è un piccolo esempio, ma significativo.

Allarghiamo la considerazione a grandi imprese o a network produttivi come i distretti. Il fatto che un ricercatore elabori un'idea geniale non è innovazione tecnologica, ma solo la creazione di qualcosa di nuovo. Se però aziende e distretti decidono che su quell'idea c'è da giocarsi una carta per il futuro e scelgono di investire ricorrendo a prestiti bancari o a mezzi propri, questa è la prima fase di qualcosa che cambia e che innova lo stato delle cose. Quando poi nell'uso comune si diffondono una soluzione o un prodotto, allora sì che si può parlare di innovazione tecnologica. Tra l'idea di un prodotto e la sua realizzazione c'è una fase preliminare che richiede investimenti per lo sviluppo, cui segue una fase per la produzione su vasta scala. È in questa economia di scala che si distingue ciò che è innovativo da ciò che è semplicemente "geniale" o addirittura "stravagante". L'idea di una bicicletta che possa procedere galleggiando sull'acqua o il progetto di soprammobili gonfiabili possono essere novità da curiosi, ma è difficile che possano scatenare l'interesse di investitori e di finanziatori d'assalto. Un conto sono le genialate solitarie, un conto la catena di procedure che s'instaura quando un'idea è giudicata "buona" dagli sviluppatori di business. Dunque, per farla breve, l'innovazione tecnologica non è un prodotto: si tratta piuttosto di un sistema, a volte anche molto complesso, dove si coniugano:

1) un'idea o un progetto a evidente carattere scientifico o tecnologico;
2) almeno un produttore industriale che operi su larga scala;
3) una rete di finanziatori in grado di sostenere e promuovere l'impresa.

Un'idea senza capitali e senza produzione resta un'idea che non rientra in ciò che si considera innovazione. Ci sono poi le innovazioni che riguardano lo stesso processo produttivo e vengono vissute e inseguite ogni giorno nelle aziende, nei capannoni, nelle fabbriche: fanno parte di ciò che comunemente si chiama sviluppo industriale.

Dunque, molte aziende sono nate e nascono grazie all'applicazione di nuovi ritrovati tecnologici, di cui si cerca di sfruttare le potenzialità nella speranza che il mercato sia favorevole. L'importante è che un'idea si traduca in un'economia di scala: se questo obiettivo viene raggiunto il cerchio si chiude. Altrimenti si rischia di restare isolati in nicchie dalla dubbia profittabilità.

Come conseguenza dell'esplosiva dinamica seguita alla diffusione delle più recenti tecnologie informatiche, sono nati e si sono sviluppati nuovi mercati con proprie identità e con complete economie di scala, che a loro volta si integrano. Il turismo e il benessere si sono armati di tecnologia, che è ormai di casa anche nell'artigianato e nell'edilizia (si pensi alle soluzioni domotiche per governare le attività domestiche e a tutto l'indotto di installazione e di manutenzione che hanno creato). Talvolta l'innovazione tecnologica entra in segmenti già esistenti: pensiamo al tessile, dove si cominciano a utilizzare fibre derivate dal legno e da altri materiali, comprese le fibre ottiche.

Proprio dal settore tessile giungono segnali di una forte sensibilità per l'innovazione tecnologica, per la ricerca di nuovi materiali e di nuovi mercati. Mectex, un'azienda di Erba che investe in ricerca e sviluppo una parte considerevole del fatturato, ha brevettato un tessuto leggerissimo per costumi da bagno che si adatta al corpo come una seconda pelle. La caratteristica principale di questo tessuto è però quella di essere idrorepellente, tanto che un importante e rinomato marchio internazionale ne ha acquisito i diritti per poterlo impiegare nella fabbricazione di costumi per i nuotatori delle squadre olimpioniche, che possono tuffarsi "scivolando senza attrito" nell'acqua.

Anche un'altra azienda tessile, la Pcr di Bernareggio, in provincia di Milano, ha brevettato una soluzione che sarà diffusa tra le *maison* degli stilisti. Grazie a una finissima polvere di quarzo creata con le nanotecnologie, il fondatore e amministratore delegato della società, Luca Panzeri, ha trovato il modo di realizzare una vernice-pellicola dello spessore di alcuni micron con cui rendere impermeabile ogni tipo di tessuto, che sia di lana, di cotone o di altro materiale. In questo modo si potranno confezionare camicie, maglioni, cappotti e altri tipi di vestiario "a prova di temporale". Una terza azienda del settore, invece, Chic Trading, costituita da quattro giovani e con sede a Ravenna e otto dipendenti, utilizza una tecnologia che "comprime i tessuti" utilizzati per fabbricare asciugamani, pigiami, set di lenzuola e altro. I vantaggi sono duplici: dall'ingombro ridotto all'aumento delle capacità logistiche dei magazzini.

In Italia sta anche crescendo il numero degli operatori che si sono orientati allo sviluppo di software per aziende di alta tecnologia o che utilizzano a loro volta impianti sofisticati. La torinese Amet, guidata da Andrea Argondizza, è uno *spin-off* del Politecnico di Torino. In una decina di anni di vita ha conquistato il mondo della progettazione di impianti meccatronici e ora si presenta anche in altri paesi europei, come Germania e Slovacchia, con proprie sedi e strutture per offrire alle aziende metalmeccaniche locali i suoi servizi di design e progettazione. A Milano, un'azienda come Neptuny, proprietaria del software Caplan per utilizzi avanzati a livello aziendale e organizzativo, è entrata nelle mire di BMC Software, che l'ha acquisita per la sua capacità di penetrare segmenti e nicchie di mercato profittevoli. Il fondatore di Neptuny, Fabio Violante, ha ceduto una parte delle sue quote rimanendo socio azionista della società, ma sta pensando anche a nuove possibili iniziative in proprio.

"Edutainment": cultura italiana, show americano

Conseguita la laurea in Disegno industriale al Politecnico di Milano nel 1999, Mario Taddei è stato trascinato da una passione per la computer grafica e insieme a Edoardo Zanon, un suo amico e compagno di studi, ha fondato uno studio, sotto la formula giuridica della società a nome collettivo, per realizzare progetti di visualizzazione tridimensionale: prototipi di città spaziali, cartoni animati per spiegare il corpo umano e la genetica, documentari di divulgazione scientifica. «Con queste iniziative – spiega Taddei – volevamo portare a conoscenza del grande pubblico il fascino dell'esplorazione culturale che la grafica computerizzata a tre dimensioni può garantire. E volevamo essere d'aiuto agli studenti di architettura e di ingegneria per promuovere il CAD, il Computer Aided Design, che può essere un valido strumento dell'immaginazione e non solo tecnica senza passione». Insomma, sin dai primi albori del loro sodalizio, Mario ed Edoardo hanno sposato la causa di ciò che viene chiamato "edutainment": educare alla conoscenza divertendo. E si industriano per cercare aree dove applicare le loro tecniche e soprattutto la loro capacità di raffigurare e di ricostruire il passato attraverso l'immagine, le sequenze, la visualizzazione digitale. «È così che ci siamo imbattuti nei disegni di Leonardo – ricorda Taddei – che fino ad allora venivano interpretati alla luce degli scritti e dei commenti. Noi abbiamo raccolto i disegni del *Codice Atlantico* e li abbiamo studiati al computer, come prototipi tridimensionali di macchine e congegni. Grazie ai programmi informatici e alla nostra applicazione abbiamo ricostruito ciò che il grande genio di Vinci voleva comunicare». La meccanica è come un alfabeto: ci sono leve, spinte, fulcri, congegni di base che possono essere incastonati per dare vita a un meccanismo.

Dai dettagli dei disegni alla ricostruzione tridimensionale (tecnicamente, *rendering*) il passo è stato breve. «Abbiamo condensato il frutto delle nostre ricerche in un libro – rammenta Taddei – che nel corso degli anni è stato tradotto in una ventina di lingue. Su questo studio abbiamo anche realizzato documentari e una specie di gioco. Le macchine di

Leonardo sono state cioè tradotte in parti di legno e metallo per consentire ai bambini e ai curiosi di ricostruirle a casa e capire come realmente potessero funzionare». L'iniziativa è vincente e cattura l'interesse del pubblico e della critica. Nel 2004 viene realizzata la prima mostra multimediale interattiva delle macchine di Leonardo al Castello Sforzesco di Milano. Poi la manifestazione viene ampliata, perché cominciano ad arrivare le richieste internazionali, anche grazie alla promozione culturale indotta dalla pubblicazione del libro di Dan Brown *Il codice da Vinci*, vero bestseller mondiale. «È a questo punto – ricorda ancora Taddei – che entra in scena Massimiliano Lisa, un editore di libri e riviste di informatica, innamorato del progetto delle macchine di Leonardo a tre dimensioni. Dopo una serie di incontri interlocutori abbiamo deciso di fare un altro salto di qualità e così è nata Leonardo 3, una srl dove i tre soci fondatori, Massimiliano, Edoardo e io, detengono ognuno il 33% delle quote».

Pubblicazione di libri, realizzazione di filmati e documentari, organizzazione di mostre e di festival culturali, progettazione di musei e di sale espositive: il business cresce e le macchine di Leonardo fanno il giro del mondo con rappresentazioni a Tokyo, New York, Chicago, Salt Lake City, Città del Messico, San Paolo e poi ancora in Sudafrica e altri paesi di ogni continente. «Il "trucco" fondamentale di un'impresa di questo tipo, se proprio lo vogliamo chiamare così – evidenzia Taddei –, è quello di aver saputo coniugare la cultura scientifica e artistica italiana con lo show americano. È questo il segreto dell'edutainment: saper tradurre in spettacolo una conoscenza ricca, ma che deve essere spiegata nelle forme più semplici e accattivanti».

Nel 2007 un ulteriore salto di qualità. A Firenze viene scoperta una copia manoscritta del 1200 di un libro composto intorno all'anno Mille da Ibn Kalhaf al-Muradi, un filosofo e sapiente arabo. Si tratta del *Libro dei segreti*, dove viene presentata e descritta una trentina di automi, tra orologi ad acqua e altri congegni. L'emiro del Qatar viene a conoscenza della scoperta e delle capacità della Leonardo 3, alla quale commissiona la progettazione di un'opera di ricostruzione e di interpretazione dello scritto di quel saggio che – per quelle sue idee – viene subito soprannominato il "Leonardo d'Arabia". Insieme a Edoardo e Massimiliano, Mario si mette subito al lavoro. Le pagine del libro vengono fatte tradurre da una specialista di arabo, i disegni vengono studiati, scomposti, rappresentati in tre dimensioni. Ne nasce un'interpretazione magistrale: quegli automi non erano fantasticherie, ma macchine realmente funzionanti, che vengono ricreate in scala. Tanto che oggi le prodigiose riproduzioni dell'opera di al-Muradi trovano posto nelle sale delle esposizioni al Museo di Arte islamica di Doha, inaugurato nel novembre del 2008. Appena si entra nel complesso si possono vedere le macchine ad acqua in formato elettronico tridimensionale e in riproduzione meccanica tradizionale, a conferma che i due mondi, reale e virtuale, si compenetrano e si sostengono.

Sedurre gli sceicchi con fibre luminose

Lenzuola e cuscini che si illuminano, per dare agli ambienti domestici il fascino esotico da Mille e una notte. La trama è realizzata in fili di cotone egiziano di altissima qualità, l'ordito, invece, è costituito da sottilissime e quasi impalpabili microfibre ottiche collegate a loro volta con una batteria al litio ricaricabile, nascosta tra le pieghe dei tessuti. Si può così andare a dormire in un letto... di stelle. La magia piace moltissimo agli emiri arabi e ai magnati russi ed è il frutto dell'innovazione di un'azienda tessile, la Filo dei sogni di Sant'Angelo Lodigiano, fondata da Tommaso Galbersanini, un imprenditore trentenne. «Al momento – precisa il titolare dell'industria, che fattura oltre 10 milioni di euro e che occupa una ventina di dipendenti – vendiamo una serie di parure composte da lenzuola e cuscini, a prezzi che oscillano tra i 100 e i 200 euro a capo, ma contiamo di realizzare presto anche tappeti, passatoie, tovaglie da cucina e, perché no, composizioni creative da muro e in futuro anche tendaggi, per rispondere sia alla domanda di utenti domestici di fascia alta sia alla richiesta delle grandi catene di alberghi».

Filo dei sogni è arrivata a utilizzare la fibra ottica partendo dall'esplorazione di nuovi materiali. Da almeno tre anni la nuova frontiera tecnologica dei corredi punta all'intreccio di materie prime classiche come seta, cotone e lino, con nuove fibre, per ora alternative, ma che in futuro potrebbero diventare di uso quotidiano. «Oggi – sottolinea Galbersanini – si trovano in commercio fibre che derivano dalla polimerizzazione della caseina che si estrae dal latte, oppure dalla lavorazione di legni morbidi come il faggio; ma i laboratori di ricerca stanno lavorando già a nuovi progetti che prevedano l'utilizzo delle fibre di banano, delle chele di granchio e di chissà cos'altro». Il futuro, anche nel tessile, sarà carico di sorprese tecnologiche. In epoca di riduzione delle terre coltivabili a fronte di una crescita demografica mondiale, la ricerca di alternative alle fibre tradizionali si sposta verso mete quasi fantascientifiche.

Per battere cinesi e taiwanesi ci vuole re Arduino

Eravamo abituati a pensare che la produzione di computer e di schede fosse cosa da cinesi o da Terzo Mondo, "perché là il lavoro costa meno" e solo così si possono realizzare sistemi di calcolo e di gestione a prezzi più bassi. Le cose però non stanno esattamente come si potrebbe pregiudizialmente pensare. A giudicare, perlomeno, da come si presenta sul mercato una soluzione italiana venduta in oltre 40 paesi e progettata da Massimo Banzi, già docente al Design Institute di Ivrea e ora titolare dell'azienda Tinker.it, una realtà che ha messo in piedi "Arduino", una scheda per governare apparecchi e macchinari di ogni tipo grazie a un sistema operativo gratuito e modificabile liberamente dagli utilizzatori finali. Il nome Arduino – detto per inciso – celebra e ricorda il nome del primo re d'Italia (l'esponente precoce della lotta per l'affrancamento dal giogo della dominazione straniera imperante intorno all'anno Mille nella Penisola), originario di Ivrea, dove ha sede Tinker.it. L'idea è nata nel 2005 ed è stata sviluppata da una squadra di "cervelli" Made in Italy, in tutto cinque ricercatori che hanno elaborato insieme a Banzi il progetto di un hardware open-source, cioè di una scheda, una sorta di piccolo computer adattabile a tutte le esigenze.

Nelle occasioni in cui Banzi discute con i clienti o parla con i giornalisti, non manca di ricordare che il sistema Arduino si configura per tutte le possibili funzioni, è versatile, si può copiare, modificare, implementare e si presta a una serie innumerevole di applicazioni perché è stato concepito per costituire il cuore interno di una svariata casistica di esigenze. Con una scheda Arduino, che sta nel palmo di una mano e che ha un costo molto accessibile, si possono creare sistemi per governare l'accesso nelle case e negli uffici, programmare applicazioni domotiche, pilotare a distanza aeromodelli, gestire apparecchiature in remoto, solo per fare alcuni esempi.

I progettisti di Arduino hanno concettualmente immaginato e creato un'unica piattaforma congiunta, hardware e software, per abbassare i costi e vendere a prezzi ragionevoli. Il successo è stato quasi istantaneo: la scheda ha cominciato a essere venduta in centinaia di migliaia di unità, perché il linguaggio di programmazione del prodotto e l'ambiente di sviluppo della parte di programma che organizza i processi interni è interfacciabile con tutti i possibili computer esistenti sul mercato e con tutte le applicazioni che li gestiscono. Per questa sua capacità operativa, Arduino è entrato a far parte dei progetti in sperimentazione al MIT (Massachusetts Institute of Technology) di Boston, il mitico istituto di ricerca sull'innovazione dove ha anche lavorato un altro italiano, Federico Faggin, che ha contribuito al progresso dell'Information Technology.

Il basso costo del sistema Arduino è legato anche al fatto che, a differenza di molte altre soluzioni, il cliente che lo acquista non deve pagare diritti o royalty di utilizzo a chi lo ha inventato, in funzione di una scelta di condivisione di applicazione. L'open source non è solo una questione tecnologica, ma anche e soprattutto una "mentalità" per diffondere cultura, sapienza, tecnologia, innovazione, nuovi modelli economici e di business che non sono basati sul principio dei sistemi proprietari cedibili solo a fronte di pagamento di licenze. «Si pensi a tutte le piccole e medie imprese italiane – evidenzia Banzi – che non hanno ampie disponibilità per investire in ricerca e sviluppo. Con scelte come quelle che proponiamo c'è la possibilità di costituire consorzi d'acquisto di tecnologia con ampie ricadute positive». La costruzione dei sistemi hardware può avvenire in maniera modulare e in funzione delle esigenze di ogni singola azienda, pur in presenza di un solo contesto di crescita collettivo, dove il sapere e la ricchezza economica prodotta vengono condivisi. Tra i progetti che grazie ad Arduino si stanno sviluppando in Italia si trova una rete di sensori per il monitoraggio della presenza nell'aria di gas metano (per uso di controllo domestico) o di agenti inquinanti (per segnalazioni ambientali nei centri urbani ad alta densità di traffico). Ma in prospettiva c'è anche la creazione di sistemi per radiosveglie, orologi da ufficio, sistemi di videosorveglianza, senza dimenticare che alcune aziende del settore meccanico sono interessate all'implementazione di sistemi robotizzati, grazie al forte grado di miniaturizzazione che la scheda presenta. La commercializzazione della scheda è gestita da una rete di agenti, ma vi è anche la possibilità di acquistare direttamente online dalla casa madre. Perché i progetti da sviluppare sono ancora tanti e numerosi, a casa come in ufficio e nel tempo libero. A prezzi che possono competere con quelli dei fornitori taiwanesi di hardware.

Telerilevamento: è italiana la società più innovativa

Secondo il WIPO, l'Organizzazione mondiale della proprietà intellettuale, l'azienda italiana più innovativa opera nel campo del telerilevamento. Si tratta di T.R.E. (Tele Rilevamento Europa), uno *spin-off* del Politecnico di Milano, cioè una società creata da un gruppo di ricercatori dell'ateneo con la partecipazione dell'Università, il cui capitale sociale è stato in seguito aperto a investitori presenti sul mercato. «Avevamo la sensazione che fosse una strada percorribile. C'erano delle intuizioni avvertite da più di un ricercatore, ma non si sapeva come fare».

Era il 2005 e Alessandro Ferretti, alla guida di T.R.E., affrontava lo sviluppo di strumenti matematici in grado di migliorare gli algoritmi utilizzati nel telerilevamento radar satellitare (con cui si possono effettuare osservazioni periodiche sulle masse geologiche per prevenire i terremoti o per stimarne gli effetti). Un sistema con cui si misurano gli spostamenti superficiali del terreno con una precisione millimetrica, partendo da dati acquisiti dai satelliti in orbita a oltre 800 chilometri dalla Terra. L'obiettivo era di monitorare le deformazioni superficiali anche nelle aree extraurbane, come un bosco, con la stessa millimetrica precisione degli spazi urbani. Con i modelli matematici disponibili, però, i tempi di calcolo erano insostenibili. «Insieme ad alcuni dottorandi che avevano un approccio più teorico abbiamo sondato diverse strade fino a trovare una soluzione molto interessante che però poi, dati alla mano, si è rivelata non percorribile – racconta Ferretti –. Ci abbiamo sbattuto la testa, ma nel 2007 abbiamo trovato i primi elementi utili. A questo punto, partendo da una bozza di soluzione, abbiamo lavorato su strade alternative fino a trovare un algoritmo che portava alla soluzione con tempi di calcolo estremamente contenuti». L'obiettivo era raggiunto.

Durante la ricerca si è creato un circolo virtuoso tra lo *spin-off*, che ha finanziato la ricerca ed era interessato al brevetto, e la parte universitaria, docenti e dottorandi, che punta alla pubblicazione internazionale. Dopo il brevetto congiunto a nome del Polimi e di T.R.E., ora si è entrati nella sperimentazione. Questi anni di ricerca sono valsi l'assunzione ad Alessio Rucci, nel team Ricerca & Sviluppo dello *spin-off* e oggi distaccato presso il Lawrence Berkeley National Laboratory della University of California per un progetto legato allo stoccaggio dell'anidride carbonica nel sottosuolo. Un altro dottorando, Francesco De Zan, è in Germania. Lo ha voluto il Centro nazionale di ricerca per l'aeronautica e lo spazio, dove lavora alla progettazione delle missioni di telerilevamento satellitare (da E. Netti, "Campus fertili di brevetti", *Il Sole 24 Ore*, 7 marzo 2011).

5. Green economy

Nel corso dei prossimi anni i temi legati alla questione ambientale e climatica diventeranno sempre più cruciali, specialmente con riferimento alle direttive imposte dalle istituzioni internazionali. Queste tendenze avranno notevoli impatti sull'economia, sulla società e sulla creazione di nuove imprese. Clima e ambiente, in sostanza, stanno diventando un terreno per l'investimento in innovazione. A ciò contribuiranno sia la pressione che a livello mondiale si è accentuata sui prezzi delle materie prime come il petrolio, sia la politica degli stati e delle organizzazioni che si occupano della pianificazione dello sviluppo economico. Il rapporto tra l'uomo e la natura assume una valenza etica che sarà posta al centro dell'attività d'impresa, non solo in termini di responsabilità, ma anche come una procedura d'intervento degna di analisi economica. Per la sua valenza strategica questo tema, definito nell'opinione pubblica come "sostenibilità", è in grado di diventare prioritario negli obiettivi di modernizzazione del paese ed è ipotizzabile che nascano e si sviluppino società dedicate, anche sotto forma di comunità ecologiche, villaggi verdi, editoria specializzata, formazione, consulenza, gruppi di acquisto.

È quindi in atto una tendenza evolutiva per la transizione da un modello capitalistico di consumo individualistico a una versione più responsabile, basata sulla capacità di ridurre lo spreco delle risorse, idriche ed energetiche, e sull'imperativo di accentuare il rispetto ambientale da parte dei cittadini e delle attività produttive. Questa nuova dimensione parte da considerazioni che sono morali e utilitaristiche al tempo stesso, pena la sopravvivenza del pianeta e della sua diversità biologica.

Tra i nuovi filoni che stanno emergendo alla luce del nuovo paradigma economico, definito nel complesso *green economy*, si devono considerare:

- l'avvio su vasta scala della produzione di energia da fonti alternative e rinnovabili (eolico, solare, geotermico, biomasse, biocarburanti ecc.), con un'attenzione particolare alla produzione di energia in autonomia;
- lo sviluppo di progetti e la costruzione di case ecologiche a basso consumo energetico, con l'adozione di nuove soluzioni in grado di migliorare la vivibilità e ridurre i consumi;
- la progettazione e l'industrializzazione di elettrodomestici a basso impatto ambientale, con la nascita di una filiera adibita al riciclo dei materiali utilizzati per la loro fabbricazione;
- l'implementazione di tecnologie informatiche e ingegneristiche il cui obiettivo consista nella riduzione di sprechi nelle reti (*in primis* quelle energetiche e idriche);
- l'ampliamento della ricerca e sviluppo nel campo delle misure antinquinamento, a tutti i livelli;

- il miglioramento degli studi di fattibilità per un trasporto urbano più sostenibile, eventualmente basato su motorizzazioni alternative e ibride;
- la creazione di una nuova filiera commerciale che sappia integrare tutti gli operatori coinvolti e che favorisca l'affermazione dei produttori più sensibili ai temi ambientali.

La produzione ecocompatibile avrà bisogno di una crescente accettazione da parte dei consumatori finali, verso i quali si stanno indirizzando studi e riflessioni socio-economiche che puntano sulla certificazione della qualità ambientale dei prodotti. La certificazione della sostenibilità delle imprese è un altro tema sul quale convergeranno risorse crescenti, sia intellettuali sia finanziarie.

L'innovazione che avrà come oggetto la produzione ecocompatibile genererà un effetto volano sull'intero sistema economico e sarà quindi di grado di offrire opportunità di specializzazione imprenditoriale e professionale, nel senso che si svilupperanno attività legate all'installazione e alla manutenzione di impianti energetici alternativi, solo per fare un esempio tra i più significativi. Nel terziario si consolideranno servizi orientati alla riduzione dell'impatto ambientale e all'efficientamento delle risorse. C'è insomma all'orizzonte un indotto che chiede di essere vissuto e potenziato, con l'avvio di nuove imprese e attività lavorative.

Un filone che si sta affermando in seno a questo importante segmento è quello legato al recupero dei materiali dalle apparecchiature tecnologiche dismesse, come personal computer, telefonini, elettrodomestici, televisori (che in Italia – secondo il RAEE, il Consorzio per la raccolta e il recupero delle apparecchiature elettriche ed elettroniche – ammontano a non meno di 250.000 tonnellate annue), oltre a quello più tradizionale del riciclo di tutto ciò che si riesce a recuperare dalle vecchie automobili (per altre 450.000 tonnellate di materiali da trattare). In aggiunta deve poi essere presa in considerazione la nicchia delle pile, degli accumulatori e delle batterie esauste, che rappresenta una nuova frontiera della filiera legata al recupero, secondo quanto recentemente disposto dalle direttive dell'Unione Europea.

Nel solco di queste aspettative non mancano idee e proposte originali: per esempio, un gruppo di giovani universitari ha costituito in Veneto la società Seaweed, che punta a raccogliere le alghe portate dalle maree sulle spiagge italiane per smaltirle in appositi impianti e, con un processo chimico brevettato, ricavarne cellulosa da consegnare alle cartiere. I quattro soci che insieme a Davide Marin – il venticinquenne neolaureato, ideatore e promotore dell'iniziativa – hanno fondato Seaweed, mirano a realizzare così un doppio incasso: oltre alla retribuzione degli enti pubblici e degli stabilimenti balneari per la ripulitura dei lidi dalle alghe, si aggiunge il ricavato derivante dalla commercializzazione della cellulosa.

Marco Gialdi, invece, insistendo sul concetto di sostenibilità ha creato un'impresa di cui è amministratore delegato, denominata Fastinking, la cui missione è quella di fornire a imprese e professionisti ciò che serve per realizzare uffici ecocompatibili. Dalla sua sede di Milano offre sia consulenze sia servizi di arredo e di fornitura di componenti hardware per creare ambienti di lavoro "verdi", a ridottissimo impatto ambientale. Il suo obiettivo, afferma, consiste nella volontà di creare un'intera filiera di investimenti ecologici, che proceda dal produttore all'utilizzatore e poi ancora dall'utilizzatore al produttore, «perché moltissimo del materiale informatico può essere riciclato e anche ricondizionato».

Davide Maccarinelli, che insieme a un amico ha dato vita all'azienda romana di costruzioni Maccarinelli & Cioffi, ha da tempo fiutato che nel futuro le case dovranno essere costruite adottando materiali e criteri sostenibili, facendo ricorso il più possibile a materie prime naturali come il legno, la pietra, il vetro e integrando nell'architettura complessiva, che deve essere bella, semplice e funzionale, le nuove tecnologie per favorire il risparmio energetico. Pannelli fotovoltaici, serramenti di alta qualità, pareti strutturate e altri accorgimenti sono entrati nella quotidianità del suo lavoro, tanto da fargli superare indenne – anzi, con una leggera crescita del fatturato – la crisi fatidica degli anni 2008-2009, che ha gettato nel panico molti suoi concorrenti.

La novità più eclatante e curiosa viene però dalla Gran Bretagna, dove è operativa una società di servizi funerari dell'Essex, Greenfield Creations, fondata da un certo Will Hunneybell, che dal 1993 produce bare di cartone riciclato. Una tendenza che si è diffusa anche in altri paesi, per dare al caro estinto l'estremo saluto e l'ultima dimora in perfetto stile ecologico. La tendenza a evitare la cremazione (che comporta l'emissione di enormi quantità di anidride carbonica nell'atmosfera) e a scartare l'utilizzo del legno per la realizzazione delle casse (in modo da preservare le foreste) ha dunque dato vita a un filone che sfrutta l'utilizzo di materiale di riciclo, come la carta pressata ma anche la pula di riso e i rifiuti di laboratori di falegnamerie e segherie. Il primo funerale ecologico in Italia, con bara di cartone e mais riciclabile, si è svolto il 21 gennaio del 2011 nell'isola di San Michele a Venezia, gestito dall'azienda di onoranze funebri Pagliarin di Cannaregio, il cui titolare, Renato Savoldello, assicura che in questo tipo di soluzione, oltre a quello energetico «c'è anche un risparmio economico per la clientela».

Una miniera d'oro dalle carcasse

Nel nostro paese se ne producono in media circa 800.000 tonnellate all'anno, di cui oltre la metà, circa 450.000, provengono dal settore automobilistico. Stiamo parlando del "fluff", nome che richiama quasi un soffio leggero, ma che invece indica un materiale pesante potenzialmente recuperabile. Per intenderci, il fluff è ciò che rappresenta il residuo finale proveniente dalla frantumazione di auto dismesse, cioè dalle rottamazioni. In forza di una legge recente, tutto questo insieme di rifiuti non può più andare in discarica, né può essere bruciato: deve essere trattato in maniera particolare, per recuperarne gli elementi di base che lo costituiscono, al fine di un possibile riciclo.

Intuendo la portata del problema, un giovane imprenditore appena trentenne, Diego Giancristofaro, già diversi anni fa ebbe l'idea di avviare un'attività dedicata al recupero del fluff con un progetto definito, per il quale si mise alla ricerca di soci e finanziatori. Greenfluff venne costituita nel 2005 sotto forma di società a responsabilità limitata al fine di realizzare un impianto industriale per il trattamento, appunto, del fluff, il quale, secondo Giancristofaro, «è costituito da una miscela eterogenea di materiali. In particolare, non supera il 30% del peso complessivo di un'autovettura e da questa parte si possono ricavare: ferro in ragione del 5%, materiali non ferrosi fino al 10%, rame in quota del 2%, gomma in ragione del 10% e vetro per il 3%. La parte del leone la fanno però le plastiche, che costituiscono circa il 30%, e le spugne di poliuretano, che arrivano anche al 10% del fluff». Oltre che dalle automobili, le altre quote di fluff potrebbero giungere dalle municipalizzate, che raccolgono altri prodotti da rottamare che al presente non vengono fatti rientrare in un sistema di riciclo.

Il progetto di Greenfluff ha consentito la creazione di un impianto per la lavorazione a freddo del fluff nell'area di Arese, dove un tempo sorgevano gli stabilimenti dell'Alfa Romeo, tanto che i sedici dipendenti attuali sono tutti ex lavoratori della casa automobilistica rilevata dal gruppo Fiat e trasferita in altra sede. «Quando è stata costituita la società – spiega Giancristofaro – nella compagine è entrato con una quota del 48% il fondo di investimento Quantica, che ha garantito un finanziamento diretto prossimo ai 3 milioni di euro per lo sviluppo e l'implementazione del processo. In seguito, nel 2008 è entrato un nuovo partner industriale, il gruppo Boldrocchi, operativo nel settore della depurazione dell'aria, con una quota del 17% acquisita direttamente dal fondo di investimento». Il fondo Quantica, detto per inciso, è partecipato anche dal CNR, il Consiglio Nazionale delle Ricerche, e dall'INFM, l'Istituto Nazionale di Fisica della Materia, oltre che da due consorzi universitari, tutti enti che evidentemente sono molto interessati a sviluppare processi industriali a forte vocazione tecnica e scientifica. «Abbiamo ottenuto un'autorizzazione – sottolinea Giancristofaro – per trattare fino a 120.000

tonnellate di fluff nella sede di Arese, ma attualmente non riusciamo a trattarne più di un terzo, a causa di una serie di problemi burocratici. Comunque stiamo già lavorando a un progetto per lo sdoppiamento delle attività con un secondo sito di lavorazione a Manfredonia, in Puglia, dall'analoga capacità. Ma le possibilità collegate sono enormi, se si pensa che, mentre alcuni materiali (per esempio, il vetro e il ferro) possono essere destinati al riciclo, per altri come le plastiche, che risultano agglomerati di diversi polimeri dalle caratteristiche disomogenee, un possibile reimpiego potrebbe essere individuato nel loro utilizzo come materia prima per far funzionare una centrale energetica e produrre così elettricità».

In effetti, la rottamazione delle auto rappresenta una miniera di ricchezza da recuperare, la cui potenzialità è in parte inesplorata, anche se già sappiamo che il 15% dell'acciaio italiano proviene proprio dalle vecchie auto. «Al momento – aggiunge Giancristofaro – siamo in una fase di sviluppo e il nostro fatturato, che vale alcuni milioni di euro, non è ancora a regime, ma quando saremo in grado di raggiungere la pienezza della nostra capacità produttiva, allora potremo gestire 20 milioni di euro di giro d'affari». Il modello di impianto avviato da Greenfluff, oltre che a investitori privati interessa anche a gruppi industriali europei, tedeschi *in primis*, che vorrebbero moltiplicarne la creazione in diversi punti del Vecchio continente. In Europa circolano decine di milioni di auto e ottimizzare un sistema di recupero dei materiali dismessi consentirebbe di ottenere tre scopi: salvaguardare l'ambiente, riportare in ciclo materie prime e composti di valore altrimenti dispersi, rendere più dinamico il mercato automobilistico e il ciclo di vita delle autovetture. Una visione che forse nel nostro paese non è ancora chiara e difesa, ma che all'estero è già sostenuta e promossa, con una forte politica di investimenti pubblici e privati.

«Orgoglioso di dare lavoro alle officine della mia zona»

«Sono orgoglioso di dare lavoro alle officine della mia zona. Imola in questo momento è un'area in sofferenza». Stefano Cassani, 37 anni, a lungo ha collaborato con diverse aziende meccaniche, poi ha deciso di mettersi in proprio dando vita alla sua creatura: Plasticsort, che progetta e realizza impianti di selezione e riciclo della plastica. «Nel periodo più difficile della crisi – racconta Cassani, ingegnere, con un'esperienza in Ducati prima di creare il suo attuale studio associato di cui è l'ispiratore e la guida – mi sono fermato a pensare al mio lavoro. A quel punto ho capito che se i miei clienti avessero avuto problemi economici, anche io sarei sparito dal mercato perché da loro non avrei più avuto alcun incarico. Quindi, insieme con i ragazzi che lavoravano con me, dovevo inventare qualcosa e diventare autosufficiente». Ed ecco l'idea: «Il settore del riciclo dei rifiuti mi ha sempre interessato molto e sapevo che c'erano ampi spazi di miglioramento per le macchine di trattamento e di separazione dei materiali – approfondisce ancora Cassani – e così ho cominciato a cercare soluzioni tecnologiche d'avanguardia e a studiare tutti i brevetti della concorrenza; poi, nel febbraio dello scorso anno, ho costruito il primo prototipo della nostra macchina, che seleziona la plastica grazie a una sorta di calamita elettrica».

Lavoro di sviluppo tecnologico che è andato di pari passo con la costituzione formale della società: «Visto l'interesse che alcuni investitori avevano manifestato verso Plasticsort, ho preparato un business plan, acquistato un capannone e partecipato a diversi concorsi che premiavano l'innovazione: l'idea ha avuto successo. Sono arrivati i primi finanziamenti a fondo perduto e finalmente abbiamo potuto cominciare a produrre i nostri apparecchi». Il primo dei quali è stato venduto dopo pochi mesi, mentre una ventina di aziende ha manifestato interesse per lo sviluppo e l'acquisizione degli impianti in progettazione. «Ho sempre avuto un obiettivo nella mia vita, anche professionale: quello di creare una mia azienda e di diventare imprenditore – conclude il titolare di Plasticsort – così tutti i soldi che ho guadagnato come consulente e grazie allo studio li ho investiti in questo progetto, nel quale sono coinvolti anche dieci giovani professionisti che ci hanno creduto fin dall'inizio e nonostante la crisi. E adesso il mio sogno si sta realizzando» (da un articolo di G. Bassi, *Il Sole 24 Ore*, 18 febbraio 2011).

«I nostri progetti? Precisione assoluta e follia creativa»

Alessandra Rapaccini e Giacomo Sanna, entrambi architetti laureati alla "Sapienza" ed entrambi trentatreenni, vivono e lavorano a Roma con propri studi avviati (Alessandra ha fondato lo studio Officine di architettura e Giacomo, con una propria attività, ha cofondato nel 2009 Arxx Studio). Legati anche nella vita affettiva, oltre che professionale, hanno scelto di occuparsi insieme di design ecosostenibile, utilizzando la tecnologia digitale per la costruzione dei modelli a tre dimensioni. «Ho avuto sin da piccolo la passione per il modellismo, auto e design in genere – racconta Giacomo Sanna – e in fondo mi trovo a fare oggi quel che facevo da bambino: costruisco e invento i miei mondi, solo che ora lo faccio virtualmente, con strumenti che mi consentono di sapere che risultato avranno le mie idee e che mi permettono di realizzarle. Penso che il lavoro dell'architetto e del designer sia quello di cercare di contribuire a migliorare la vita».

Anche Alessandra da bambina sognava di fare il lavoro di architetto: «Mi ha sempre affascinata l'idea di poter passare dal sogno alla realtà – dice – e questo è un mestiere che lo permette. Ovviamente nella realtà non è possibile realizzare tutto ciò che si progetta e si immagina nella fantasia, ma l'importante è mantenere sempre una componente "visionaria" del proprio lavoro». Tanto Alessandra quanto Giacomo, nei rispettivi studi e nei dialoghi familiari, puntano l'attenzione sui "concept visionari", un mix di follia creativa e sistematica precisione, con una sensibilità particolare all'ambiente. «I nostri progetti – spiega Giacomo – variano da semplici oggetti ad architetture utopistiche: per i primi abbiamo contatti con diverse aziende che ci stanno aiutando nella prototipazione, per le altre avremmo bisogno di finanziamenti più importanti, ma non ne escludiamo mai la fattibilità e la concretezza nella fase progettuale».

Alessandra e Giacomo sono solidali anche sul versante creativo, con riconoscimenti gemelli. Infatti, Alessandra nel 2009 ha vinto il Mini Design Award (che l'anno prima era stato assegnato a Giacomo), un premio importante conferito a chi genera nuove idee su un miglior futuro sostenibile delle città. Alessandra aveva presentato un'idea particolare, legata alla mobilità e definita "City speed turbines", un mix di temi che legano il traffico all'energia rinnovabile. «Il progetto – illustra lei stessa – nasce dall'idea di creare un sistema modulare di turbine eoliche in grado di produrre energia grazie al movimento delle masse d'aria prodotte dal passaggio delle auto. Questo sistema, concepito come una sequenza di archi, potrà essere inserito nei vari contesti urbani in modo flessibile e nel pieno rispetto dell'ambiente. L'energia prodotta servirà ad alimentare le luci a led che si trovano all'interno della struttura ad arco per garantire l'illuminazione stradale notturna.

L'energia meccanica derivante dallo spostamento d'aria generato dai veicoli viene recuperata dalle pale e convertita in energia elettrica attraverso un sistema di alternatori, per essere quindi immagazzinata da un accumulatore che la distribuirà al sistema dell'illuminazione a basso consumo. Le City speed turbines sono un nuovo modo di vedere e applicare il funzionamento delle turbine eoliche con un design meno invadente e una razionalizzazione del sistema energia-illuminazione per le città. È un sistema applicabile a varie entità produttive, dalle gallerie ai sistemi ferroviari, nel pieno rispetto del risparmio energetico. Ci hanno contattato diverse aziende interessate alla prototipazione di questo progetto, ma poter avere dei finanziamenti diretti renderebbe tutto molto più semplice e veloce» (da un articolo di G. Petrini, *Il Sole 24 Ore*, 21 febbraio 2011).

Le batterie al sale

Tra le pieghe della recente cronaca economica c'è una storia particolare che merita di essere ricordata. Riguarda un manager appassionato di energie alternative che è riuscito a strappare un brevetto al colosso Daimler-Chrysler. Ma non un brevetto qualsiasi: si tratta infatti di una tecnologia per costruire batterie elettriche che utilizzano il sale. Sì, il sale comune. La storia risale agli anni Novanta, quando Cesare Sinigaglia, un ingegnere che aveva lavorato per un lungo periodo a Varese, scopre che è possibile ottenere energia elettrica per le auto e per il trasporto pubblico da batterie che utilizzano nichel e sale comune da cucina. In Sudafrica un gruppo di scienziati e ricercatori stava appunto lavorando a questo progetto – denominato in codice "Zebra" – con ottimi risultati, tanto da attirare l'attenzione del colosso Daimler-Chrysler, che opzionò il brevetto. Il gruppo automobilistico tedesco-statunitense, però, non rappresentava più un'alleanza molto affiatata.

Fu così che, per rendersi conto di persona, Sinigaglia si recò a Città del Capo per verificare la validità delle ricerche e la possibilità di avviare una trattativa diretta. Nel viaggio l'ingegnere era accompagnato da Carlo Bianco, un imprenditore interessato alla costruzione di auto elettriche, e da un altro connazionale, il mantovano Demetrio Baronetto che, come lui, aveva il pallino delle batterie elettriche e delle energie alternative. Il trio si accorse che nella terra di Mandela il progetto "Zebra" aveva un senso e soprattutto una possibilità di essere industrializzato. Il brevetto fu rilevato dal gruppo Daimler-Chrysler proprio nel periodo in cui le due parti stavano sciogliendo l'alleanza, sfruttandone accortamente il momento di debolezza. E dopo il rientro e una fase dedicata alla gestione di una serie di accordi, il trio decide di mettere insieme le forze nella società Mes-Dea, creata da Carlo Bianco a Stabio, nel Canton Ticino. Il meccanismo funziona, le batterie al sale e al nichel – che non sono pesanti come quelle al piombo o al litio e che, una volta dismesse, non generano problemi ambientali perché il sale si scioglie in acqua – producono elettricità sufficiente per alimentare il motore di auto di piccola cilindrata. Carlo Bianco prende Sinigaglia come direttore generale in Mes-Dea, mentre Baronetto assume la responsabilità tecnica. Si cominciano a produrre Panda e Twingo a motorizzazione elettrica, con batterie al sale e con un'autonomia di oltre 200 chilometri. Le "zebre" fanno parecchia strada: nel 1999 vengono impiegate negli autobus elettrici di Amsterdam, San Diego, Bonn e Oslo, solo per fare qualche esempio.

La fama delle batterie al sale fa il giro del mondo e nel 2004 la società mette a segno un altro colpo. A seguito di alcuni incidenti ai sottomarini nucleari russi, la Gran Bretagna decide di accelerare sul tema della sicurezza e sceglie le batterie al sale prodotte da Mes-Dea per alimentare il circuito elettrico sui propri sommergibili a testata nucleare. Dopo questa referenza le porte dei paesi del Commonwealth britannico letteralmente si spalancano e ora le "zebre" sono in uso presso le forze della marina e dell'aeronautica di alcuni paesi come la Nuova Zelanda e l'Australia. I consulenti militari, infatti, sono perennemente alla ricerca di sistemi di energia sicura, che comportino il livello di rischio più basso e che garantiscano un'alta densità energetica.

Nel corso del biennio 2009-2010 avviene un altro incontro, che fa tornare nella Penisola una parte del know-how che quel gruppo di italiani capitanato da Sinigaglia aveva portato in Svizzera. Lo storico gruppo Fiamm, costruttore di vari impianti e componenti in campo elettrico e industriale, firma con Mes-Dea un accordo che prevede la costituzione di una società paritaria, una joint-venture chiamata FZ Sonick con sede a Montecchio Maggiore, nella provincia di Vicenza, per la produzione di batterie al sodio-cloruro di nichel per un'ampia gamma di applicazioni.

Ora il mercato dell'automobile elettrica può annoverare un fornitore di batterie di tutto rispetto e per molti aspetti alternativo ai produttori delle pile che comunemente vengono utilizzate dalle case automobilistiche. Non solo, perché Fiamm ha portato in dote le forniture di sistemi destinati alla sicurezza operativa delle centrali telefoniche, dove le batterie al sodio-cloruro di nichel possono trovare larga applicazione. In sostanza, le "zebre" garantiscono la continuità di energia anche in caso di interruzione occasionale della rete elettrica tradizionale.

Una forma di ridotte dimensioni è invece allo studio per garantire le stesse prestazioni in ambienti minori e per sistemi di ridotte capacità, come macchinari e attrezzature artigianali, e per piccole industrie collocate in aree geografiche estreme, perché – è bene ricordarlo –, a differenza di altri materiali, il sale resiste tanto alle basse quanto alle alte temperature, una qualità che rende ancora più accattivanti le "zebre" e la schiera delle sue possibili declinazioni produttive e commerciali.

Alberi high-tech di energia e luce

La convergenza tra urbanistica, tecnologia e sostenibilità si sta concretizzando in un crescente numero di progetti in molti paesi. Nonostante si tratti di un settore eterogeneo, questa tendenza è rilevante soprattutto per applicazioni nel campo dell'energia (si pensi ai primi progetti sulle *smart grid*), nelle telecomunicazioni (wi-fi pubblico), in progetti di mobilità urbana (auto elettriche e *charging points* pubblici) e di conversione dell'illuminazione pubblica a led. Concentriamo dunque l'attenzione su un aspetto in particolare: l'integrazione tra servizi e arredo urbano. Di fronte abbiamo l'opportunità di pensare e realizzare città nuove, più funzionali, più belle e più pulite, con la possibilità di migliorare la qualità della vita. Perché questo avvenga, è essenziale una visione d'insieme, una capacità d'integrazione tra bello e utile, tra funzione sociale ed estetica, cosa che purtroppo, nella maggioranza dei casi, oggi non avviene nelle nostre aree urbane. In primo luogo, vi è scarsa integrazione tra infrastruttura (qui intesa come oggetto che svolge una funzione pubblica, come per esempio l'offerta di un servizio alla collettività) e arredo urbano (o *urban design*). Secondariamente, gli arredi che si vedono nelle città di oggi sono spesso elementi "passivi", perdenti nel bilancio tra costi e benefici. La sfida della sostenibilità impone un cambio di paradigma. Ogni progetto pubblico può anche essere concepito come un'opportunità per lo sviluppo di nuove idee e, nuovi servizi per i cittadini e per valorizzare gli spazi pubblici.

Albe-res – una start up creata nel corso del 2009 da quattro giovani laureati in Ingegneria, Architettura ed Economia, di età compresa fra i 27 e i 30 anni – è una di queste idee: un oggetto modulare di arredo urbano "attivo", in grado di offrire una serie di servizi rivolti a cittadini e amministrazioni pubbliche. Albe-res, sperimentato per la prima volta nel 2010 a Vasto, richiama la figura dell'albero, non solo dal punto di vista estetico, ma anche funzionale: ispirandosi alla fotosintesi clorofilliana, le sue "foglie" integrano un sistema fotovoltaico da 1,5 kWp (chilowatt picco) che ne garantiscono l'indipendenza energetica. Oltre a svolgere una funzione di arredo, Albe-res provvede all'illuminazione pubblica (con un risparmio energetico del 50-70% rispetto alle lampade tradizionali), all'alimentazione di sistemi wi-fi o wi-fi mesh pubblico, di charging point per piccole utenze e dispositivi come smartphone, laptop, biciclette elettriche. Inoltre, ogni albero può ospitare l'impiego di telecamere CCTV per la videosorveglianza. Tali sistemi sono interamente telecontrollabili.

Il progetto, avviato nel 2010, prevede per i prossimi mesi lo sviluppo di una rete di alberi tecnologici lungo l'ex tracciato ferroviario che sulla costa adriatica collega Vasto Marina a Pescara. A tal fine il progetto complessivo viene finanziato grazie all'intervento delle amministrazioni locali e di un gruppo di imprese sostenitrici (da un articolo di A. Bertello, socio fondatore di Albe-res, *Nova 24*, 3 marzo 2011).

6. Energia rinnovabile

La richiesta mondiale di energia elettrica è in costante aumento, sia per la crescita demografica, sia per lo sviluppo economico di intere aree del pianeta finora in gran parte escluse dal processo di industrializzazione. Anche gli scenari che considerano l'attuazione su larga scala di soluzioni per il risparmio e l'efficientamento energetico stimano comunque che nel 2050 l'umanità sia destinata a consumare oltre il 50% in più delle risorse disponibili rispetto ai livelli del 2000, mentre la popolazione del pianeta a quella data, secondo le previsioni di Population Council, potrebbe raggiungere e superare i 10 miliardi di persone. Sono dunque in atto tendenze economiche e demografiche di forza incomparabile, che meritano una riflessione e un adeguamento insieme strutturale e funzionale dell'approvvigionamento energetico. Attualmente la produzione mondiale di energia elettrica avviene in massima parte – per il 65% – tramite l'utilizzo di combustibili fossili come petrolio, gas e carbone. Solo il 3% o poco più dell'energia elettrica viene oggi prodotto tramite fonti rinnovabili incrementabili, escludendo quindi gli impianti idroelettrici che hanno già raggiunto il livello massimo di capacità d'installato.

La questione cruciale che si prospetta per il futuro dei governi e delle nazioni risiede nella reperibilità di nuova energia, a fronte di riserve di combustibili fossili che, per quanto possano essere ancora ingenti, non sono tuttavia illimitate. Anche lo sfruttamento dell'energia nucleare, che rappresenta da anni una costante intorno al 6% per la produzione di energia elettrica a livello mondiale, è in prevalenza basato sull'utilizzo di uranio, che non è un bene illimitato, ma anzi piuttosto scarso. In vista di un cambiamento radicale di rotta, l'Unione Europea si è recentemente posta l'obiettivo – non solo di orientamento, ma obbligatorio per i paesi membri – di raggiungere entro il 2020 una quota di utilizzo di fonti energetiche rinnovabili pari al 20% dell'intero fabbisogno, includendo tutti i possibili settori coinvolti (trasporto, industria, riscaldamento ecc.). Declinata sul comparto della produzione di energia elettrica, questa politica potrebbe significare un massiccio ricorso all'utilizzo di fonti rinnovabili, fino al 35% della quota nazionale, la quale solo da pochi mesi ha superato il livello del 15%, peraltro grazie al massiccio contributo dell'idroelettrico. Risulta evidente che per superare la sfida servono idee, creatività, innovazione e tante imprese disposte ad affrontare il mercato. Sulla base delle stime del rapporto *New Energy Finance*, nel corso del 2009 gli investimenti in energia verde a livello mondiale sono stati pari a 187 miliardi di dollari e sono saliti a 243 miliardi nel 2010.

In Italia lo sviluppo del comparto delle rinnovabili (fotovoltaico, eolico, biomasse e trattamento dei rifiuti) è stato piuttosto impetuoso: strutturatosi agli inizi degli anni Duemila con circa 5000 addetti complessivi, secondo le stime di Nomisma Energia, è passato a oltre 50.000 persone alla fine del 2010. L'intero comparto è cresciuto del 60% proprio nel biennio della crisi più cupa, il 2008-2009, mentre altri settori languivano o si contraevano. La tendenza alla crescita è costante, con aziende che hanno incrementato il fatturato annuo anche del 400%. Il valore complessivo dell'energia verde da rinnovabili (escludendo geotermia e idroelettrico) è salito in Italia dai 5 miliardi di euro del 2005 agli oltre 13 miliardi del 2010. La metà di questa somma è realizzata dall'energia da biomasse (legno, rifiuti, scarti vegetali, biogas), mentre in termini di aziende e di occupati il segmento più vivace è quello del fotovoltaico, grazie alla proliferazione di installatori locali. E a oggi, nel nostro paese, ci sono 3 GigaWatt (l'equivalente di due centrali nucleari di media capacità) di potenza elettrica installata con pannelli fotovoltaici. In calendario ci sono richieste per altri 4 GigaWatt di potenza. Il nostro piano energia prevede che entro il 2020 si raggiungano 8 GigaWatt da fotovoltaico.

Nel fotovoltaico l'egemonia (per pannelli e sistemi) è in mano a statunitensi, giapponesi e cinesi. Nel campo dell'eolico la fanno invece da padrone i giganti come la danese Vestas e la statunitense General Electric. Nei comparti produttivi le aziende italiane sono piccole e dedicate in prevalenza a un segmento della filiera (gli inverter nel fotovoltaico e i motoriduttori creati per gli autocarri e che oggi vengono utilizzati nelle torri eoliche). Ma c'è ancora spazio per altre nicchie, come la progettazione, la gestione, la creazione di infrastrutture e l'assistenza tecnica, insomma l'intera filiera di servizi dedicati. Ma non solo, perché anche nel nostro paese ci sono nuovi imprenditori che, animati da passione e cultura, intravedono ampie possibilità future.

Un imprenditore che ha fiutato l'onda lunga del fotovoltaico in Italia è Paolo Rocco Viscontini. Lavorava in un grande gruppo industriale e non aveva ancora raggiunto i trent'anni quando pensò di scommettere sul suo futuro impegnandosi nel varo di una società. E così nel 2001 diede vita a Enerpoint, una società a responsabilità limitata con sede a Desio, nell'area dove un tempo venivano fabbricate le automobili dell'Autobianchi. In Italia, nel corso del 2002 venne avviato il "Programma nazionale dei 10.000 tetti fotovoltaici" ed Enerpoint cominciò a strutturarsi non solo per vendere parti degli impianti agli operatori e agli installatori finali, ma anche per assistere i clienti privati nell'elaborazione dei progetti. Da quel momento lo sviluppo delle attività è stato un crescendo, tanto che le alleanze tecnologiche con società fornitrici (americane, giapponesi, tedesche) si sono moltiplicate, mentre sono state aperte anche nuove sedi in altri paesi, come Germania e Israele, dove sono previsti ulteriori finanziamenti e opportunità di crescita.

Nel settore eolico si è costituita alcuni anni fa una società innovativa, Le Fattorie del Vento, con sede a Milano, che punta a raccogliere esperienze e know-how avanzato per dare vita a progetti di impianti di nuova concezione. Il suo amministratore, Paolo Guaitamacchi, guarda al mercato italiano ma è sempre attento a cogliere opportunità di accordi anche all'estero, soprattutto in alcuni paesi del Centro-Nord europeo, dove la cultura dell'eolico è più diffusa.

Secondo uno studio della Coldiretti avvalorato da una ricerca dell'Enea, dall'agro-energia potrebbero derivare diverse migliaia di imprese con circa 100.000 nuovi posti di lavoro in più. Questi sono i benefici che l'Italia potrebbe ottenere entro il 2020 se riuscisse a produrre energia da fonti rinnovabili in misura pari all'8% del bilancio energetico nazionale. In Italia l'agro-energia è partita, ma non si è ancora sviluppata degnamente. Attualmente, infatti, esistono solo 273 piccoli impianti di biogas (per 750 GigaWatt annui) e solo 50 impianti per biomasse (per circa 2000 GigaWatt all'anno) a fronte degli oltre 500.000 GigaWatt annui prodotti dal fotovoltaico. Il divario con altri paesi europei è piuttosto alto, ma esistono tutte le premesse perché nei prossimi anni si possa avanzare nella direzione giusta.

Un'azienda bresciana guidata da Viliam Storchi, Vuzeta, ha brevettato un singolare sistema per produrre carburante dai rifiuti. L'impianto di base può essere alimentato con qualsiasi genere di scarto: plastiche, gomme, liquami, oli esausti e via discorrendo. L'idea è piaciuta a una cordata di industriali che hanno deciso di investire nel progetto. Il funzionamento è piuttosto semplice: i materiali inseriti vengono triturati finemente in piccole particelle con uno spessore inferiore al mezzo millimetro per aumentare al massimo la superficie di contatto del materiale stesso, che poi viene fatto confluire in una centrifuga. In questa fase viene aggiunto un catalizzatore industriale, che varia a seconda della tipologia di rifiuto trattato. La temperatura viene poi innalzata a 350 gradi centigradi: i legami dei vari gas contenenti carbonio, idrogeno, ossigeno, azoto e altri elementi si spezzano e le parti costituenti (atomi e molecole) vanno a riorganizzarsi secondo gli schemi tipici degli idrocarburi. Attraverso una sorta di "colonna di rettifica" vengono quindi separati i vari tipi di oli combustibili sintetici. La resa finale del processo varia in funzione del materiale di alimentazione (80-85% nel caso della plastica). In particolare, il sistema soddisfa la domanda per impianti che trattano liquidi da allevamento. In provincia di Pavia è già funzionante una variante *ad hoc* con l'aggiunta di un ciclo di depurazione delle acque reflue.

Un discorso a parte merita la riflessione sull'utilizzo di esseri viventi come batteri e alghe per produrre energia. Molti grandi gruppi energetici stanno infatti puntando la loro attenzione su questo importante segmento in quanto – secondo le ultime ricerche – si possono ottenere biocombustibili per usi vari come il riscaldamento e il trasporto. In particolare, in questo momento la frontiera più avanzata delle indagini è capitanata da una società statunitense, la Joule Unlimited di Cambridge, nel Massachusetts, che ha brevettato un sistema in grado di sfruttare la fotosintesi (la luce del sole, quindi) per far compiere a una colonia di batteri – opportunamente modificati geneticamente – un processo di sintesi da cui ricavare direttamente bioetanolo. Questo processo è stato denominato "Eliocoltura", parola già registrata da Joule come marchio commerciale (HelioCulture, per l'esattezza), così come il "SolarConverter", che definisce e rappresenta una specie di serra-reattore solare che accoglie i cianobatteri modificati tramite interventi biotecnologici, i veri protagonisti della futuribile rivoluzione energetica.

Le microalghe energetiche e dietetiche

Fresco di laurea in Scienze politiche, agli inizi del 2000 Matteo Villa di Padova pensava di dedicarsi all'attività politica e diplomatica, tanto che, come assistente parlamentare, seguì due legislature. Dopo questa intensa esperienza Matteo entra nel vorticoso dinamismo delle pubbliche relazioni, assumendo la responsabilità della comunicazione di un gruppo veneto legato all'energia. Studia le *commodity* e in particolare l'olio di palma, proprio nel periodo, il 2006, in cui i prezzi delle materie prime - petrolio incluso - cominciano a prendere letteralmente il volo. Il tema energetico e il problema della reperibilità di nuove fonti di energia si fanno pressanti e appassionano Matteo, che si guarda intorno, annusa l'aria e compie dei viaggi alla ricerca di illuminazioni. Nel giro di breve tempo individua alcune potenzialità nelle microalghe, cellule vegetali coltivabili, che si possono prestare a creare olio combustibile, ma che hanno anche proprietà dietetiche particolari, che consentono di trovarvi applicazioni in campo cosmetico e alimentare.

Negli Stati Uniti il dibattito sull'argomento è aperto e molti finanziamenti pubblici e di investitori istituzionali arrivano a società di ricerca che si occupano di identificare nuove soluzioni per produrre bioetanolo, biodiesel e altre risorse per affrontare l'emergenza energetica, e che hanno individuato proprio nelle microalghe una componente dalle potenzialità molto promettenti. «Così nel 2008, all'età di 29 anni - racconta Matteo Villa -, ho pensato di strutturarmi per essere presente con una mia attività nel settore dell'energia alternativa, ma non solo. Ho individuato nelle microalghe il soggetto verso cui guardare con attenzione per il futuro e ho costituito prima di tutto uno staff, una squadra di persone altamente competenti formata da biologi, biotecnologici, chimici, ingegneri e impiantisti, per studiare da vicino tutti gli aspetti produttivi, che sono complessi». A distanza di poco tempo, sempre nel 2008, Villa costituisce Microlife, una srl con sede a Padova, per dare vita – come si legge nel prospetto – a «un'attività di biotecnologie fotosintetiche in grado di sviluppare, ingegnerizzare, costruire e condurre impianti a scala industriale per la produzione di microalghe a fini energetici, cosmetici e farmaceutici». La società cresce nel corso del tempo, sulla scia delle tendenze mondiali. «Abbiamo avuto due anni di start up – spiega Matteo Villa, che oggi è l'amministratore delegato di Microlife – e li abbiamo chiusi con un piccolo ma incoraggiante margine. Ora siamo in piena fase di sviluppo e contiamo di chiudere il prossimo esercizio con un giro d'affari introno ai 3 milioni di euro grazie all'avvio di alcuni progetti significativi».

Microlife ha vinto alcuni bandi di gara e da qualche mese è operativa a Frosinone, dove sta implementando una coltivazione di microalghe nella discarica locale, in un bacino acquifero di oltre 150.000 litri. «Grazie all'utilizzo delle microalghe – continua Villa – si potranno anche trattare le acque reflue e restituirle pulite al territorio. Per questo le nostre competenze devono accrescersi costantemente e tenere conto anche degli aspetti ambientali».

Con oltre 25 tecnici assunti, Microlife sta pensando di ampliare la squadra del personale commerciale. All'orizzonte c'è un'altra serie di accordi firmati da soddisfare: la nascita di una joint-venture di collaborazione (Microlab) con l'amministrazione di Trento per il trattamento del rifiuto agrario, l'avvio di progetti con altre amministrazioni per la creazione di bacini di coltivazione e, non ultima, la promozione di fotobioreattori per la coltivazione di microalghe in piccole strutture. «Le microalghe – spiega Villa – possono infatti trovare applicazione in campo cosmetico, e molte strutture termali e alberghiere sono interessate all'adozione di piccole unità produttive, che costano poco e assicurano un'alta resa. Con lo sviluppo di queste iniziative, che generano elevati margini di profitto, possiamo così finanziare altre idee di ampio respiro e progetti strategici di sviluppo». Dal punto di vista del capitale investito, Matteo Villa non ha fatto fatica a trovare risorse: «Appena costituita la società detenevo l'85% delle quote, poi sono entrati via via investitori e soci privati che hanno creduto nelle potenzialità del progetto. La società è stata ricapitalizzata per fare posto a nuovi partner. Ora mantengo la quota di maggioranza con il 56%, ma grazie all'allargamento delle risorse professionali puntiamo a creare una realtà di rilievo che possa confrontarsi degnamente sul mercato».

Energia dal vento d'alta quota

Il vento non è altro che il calore proveniente dal sole trasformato in energia meccanica dalla massa dell'atmosfera terrestre. La maggiore energia del vento, il vero "giacimento" si trova a circa 10.000 metri d'altezza. La velocità e l'energia decadono man mano che si scende verso il suolo. Attualmente la maggior parte delle torri eoliche – che sono comunque situate in zone piuttosto ventose – non supera gli 80 metri di altezza. A 800 metri dal suolo, la potenza del vento è almeno quattro volte superiore alla media della potenza che si riscontra negli impianti eolici tradizionali. Alcuni gruppi internazionali stanno studiando soluzioni tecnologiche per raggiungere il vento in alta quota e sfruttarne quindi la potenza a gradi superiori. Fra questi progetti merita attenzione uno dei più ambiziosi e avanzati, di ideazione tutta italiana. Si tratta del progetto KiteGen, promosso da un imprenditore, Massimo Ippolito, che, analizzando il comportamento dei kitesurfer, ha notato la grande quantità di energia che i kite erano in grado di raccogliere e ha pensato che un sistema analogo avrebbe potuto generare energia elettrica.

«Quando la concepii – precisa Massimo Ippolito – l'idea mi apparve efficace e azzardata al tempo stesso, così decisi di accantonarla per la complessità della realizzazione. È rimasta nel cassetto per diversi anni, ma a seguito del rincaro delle materie prime, della crisi internazionale e delle incertezze sulle forme di approvvigionamento del petrolio e del gas, è tornata prepotentemente alla ribalta». Tanto da attirare l'attenzione di banche e investitori che hanno deciso di puntare sul progetto, come per esempio Intesa Sanpaolo, che promuove KiteGen insieme ad altre aziende neocostituite nell'ambito dei suoi *roadshow* internazionali.

A dire il vero, l'idea di impiegare aquiloni per sfruttare l'energia dei venti d'alta quota e di trasformarla in energia meccanica o elettrica era già conosciuta. Il primo promotore di questa soluzione fu Miles L. Loyd, un ingegnere del Lawrence Livermore National Laboratory, che la concepì nel 1980 realizzandone un brevetto industriale e pubblicandone i principi generali sul *Journal of Energy*. Secondo il modello KiteGen di Ippolito, vengono innalzati in aria profili alari di potenza, in sostanza ali semirigide ad alta efficienza che, con la loro forma ad arco, sono paragonabili ai kite usati dai kitesurfer, ai quali concettualmente si riferiscono. In questo caso, i kite sono pilotati automaticamente da terra attraverso un sistema che raccoglie e sfrutta l'energia del vento. Il meccanismo di funzionamento può essere così descritto sinteticamente: spinti dal vento, i profili alari, che sono agganciati con dei cavi a terra, fanno girare una struttura lungo binari disposti in un circuito circolare. Ed è questo movimento rotatorio che genera corrente elettrica. I macchinari e i kite sono uniti da cavi speciali in materiale composito grazie ai quali sono compiute le funzioni descritte.

La soluzione applicativa prevede due possibili modelli: un primo sistema utilizza un solo kite, mentre la seconda possibilità prevede l'utilizzo di più kite contemporaneamente. La struttura del progetto funziona a tutti gli effetti come la turbina di un impianto eolico, mentre i kite sono le pale della turbina. I profili alari di potenza sono progettati per volare secondo traiettorie stabilite, che consentono di trasformare la forza esercitata sui cavi in una "coppia" che in maniera sincronica mette in rotazione la turbina, disposta ad asse verticale. Al cuore del sistema c'è una soluzione software che consente di governare i meccanismi e di generare cambiamenti di orientamento dei profili.

Dopo un primo tentativo per realizzare un sito a Berzano San Pietro, nell'astigiano (naufragato per problemi burocratici), il prototipo industriale si sta perfezionando a Sommariva Perno, nel cuneese. A onor del vero, nel 2006 il progetto KiteGen era stato selezionato per ricevere un finanziamento pubblico nell'ambito dei fondi per l'innovazione tecnologica (FIT) del ministero dello Sviluppo economico, ma i contributi non pervennero a causa del loro prematuro esaurimento. Le cose andarono invece meglio con il Programma Quadro dell'Unione Europea: il progetto complessivo KiteGen venne giudicato "eccellente", tanto da ricevere nel 2008 un finanziamento di 3 milioni di euro con cui proseguire l'attività. Nel dicembre del 2010 è stato così realizzato un primo prototipo a Sommariva Perno (con un singolo kite) della potenza di 3 MegaWatt.

Batterie per ricarica istantanea

Il progetto di una superpila ideata dal ricercatore italiano Riccardo Signorelli ha affascinato gli investitori statunitensi e, in particolare, il governo federale ha deciso di stanziare 5 milioni di dollari per far proseguire le sue ricerche dalle promettenti e illimitate applicazioni. L'utilizzo immediato della batteria a facilità di ricarica potrebbe essere quello dei trasporti, dove l'auto elettrica è vista come la naturale antagonista dei veicoli a combustibile, il cui costo di manutenzione appare sempre più in crescita a causa dei rincari di benzina e gasolio. Attualmente la concorrenza ai derivati del petrolio è garantita solo dalle batterie a ioni di litio, le più usate nelle auto elettriche di ultima generazione. Rispetto alle batterie al piombo, più pesanti e meno "dense" dal punto di vista energetico, le batterie al litio sono molto più leggere e potenti, ma hanno un difetto: richiedono lunghi tempi di ricarica. Un elemento su cui Signorelli ha cominciato a ragionare da quando, una quindicina d'anni fa, frequentava il Politecnico di Milano, dove si è laureato in Ingegneria elettrica. Poi, per specializzarsi, il giovane originario di Bergamo si è recato al MIT di Boston, dove ha lavorato al fianco di Joel Schindall, il direttore del LEES, il laboratorio più famoso e più avanzato al mondo per gli studi sui sistemi elettronici ed elettromagnetici.

Grazie a queste esperienze, Signorelli ha messo a punto il prototipo di un rivoluzionario sistema di immagazzinamento dell'energia elettrica, che utilizza minuscole strutture di nanotubi al carbonio. «Si tratta di ciò che tecnicamente viene definito un "capacitore" – illustra il ricercatore – che funziona sulla base di principi fisici e non chimici o elettrochimici come le normali batterie più diffuse». In sostanza, per poterlo descrivere, questo capacitore è paragonabile a un condensatore di proporzioni microscopiche. Vengono creati nanotubi dello spessore di soli 12 atomi di carbonio che poi sono accumulati e fasciati, e quindi alloggiati in un involucro più grande, con la possibilità di inserire particelle cariche di energia negli interstizi tra le pareti di questi minuscoli tubicini. «In questo modo – spiega Signorelli – si possono inglobare nella struttura moltissime particelle cariche con una connessione che è fisica e non chimica. Ciò vuol dire che, staccandosi e attaccandosi istantaneamente per contatto fisico, la batteria si scarica o si ricarica in pochissimo tempo».

Sulla base di queste realizzazioni – già progettate, testate e anche brevettate – Riccardo Signorelli ha fondato una sua società, chiamata FastCap, con l'obiettivo di uscire dal chiuso del laboratorio di ricerca applicata e realizzare delle batterie commercializzabili delle dimensioni standard già presenti nelle comuni pile ricaricabili. Questo capacitore, che di fatto è una via di mezzo tra la batteria e il condensatore elettrico, avrebbe come luogo finale di adozione i veicoli a trazione elettrica, garantendo una durata di utilizzo superiore (tendenzialmente infinita) rispetto alle normali batterie al litio, oltre alla possibilità di avere costi decisamente inferiori e dimensioni, ingombro e peso probabilmente ridotti.

All'atto della sua costituzione, FastCap ha ricevuto oltre 5 milioni di dollari di finanziamento da parte del governo americano attraverso il ministero dell'Energia. Un effetto traino considerevole, visto che, non appena diffusa la notizia, un gruppo di investitori istituzionali si è accodato garantendo altri 2 milioni di dollari per due anni. «La sfida per i prossimi anni – conclude Signorelli – è consentire a questo tipo di prodotto di raggiungere la densità energetica della benzina». E infatti è questa la vera battaglia da vincere: un litro di benzina produce tanta energia quanta ne contiene una quarantina di batterie tradizionali, mentre occorrono circa 8 batterie al litio per pareggiare la "densità energetica" della benzina. L'idea potrà essere vincente se questo rapporto giungerà a capovolgersi o se si arriverà, perlomeno, al pareggio.

Celle solari organiche

Facciate in vetro degli edifici che generano energia. È un'applicazione del fotovoltaico di terza generazione, privo di silicio: utilizza celle solari organiche. Hanno come coloranti sostanze sintetiche oppure pigmenti naturali, per esempio antocianine dei mirtilli, e sono semitrasparenti. Cyanine Technologies è uno *spin-off* dell'Università di Torino. Ha fabbricato i prototipi di laboratorio dei moduli di terza generazione: in 12-18 mesi prevede la pre-produzione per il successivo lancio sul mercato, a partire dall'edilizia sostenibile. Le celle hanno un'efficienza tra il 5 e l'8%, funzionano anche con il cielo nuvoloso e con l'illuminazione artificiale. «È una tecnologia integrabile nelle attività di tre settori: energie rinnovabili, vetro, materie plastiche per le costruzioni», ricorda Giuseppe Caputo, 33 anni, chief scientific officer di Cyanine Technologies. In Italia anche altri gruppi universitari sono impegnati nello sviluppo del solare organico: è un'occasione per un'industria locale alimentata dalla ricerca nazionale (dall'articolo di L. Dello Iacovo, *Nova 24*, 3 marzo 2011).

7. Giovani, quote rosa e immigrati

Nel corso dell'ultimo anno, un quarto delle nuove ditte individuali iscritte al Registro delle Imprese è intestato a giovani con meno di 30 anni. La tendenza si è rivelata molto forte al Sud dove la scelta, più che per aspirazione imprenditoriale, è forse motivata dalla necessità. C'è una diffusa difficoltà a trovare lavoro dipendente stabile e così cresce il numero di coloro che puntano sul lavoro autonomo, anche nella sua forma più semplice, appunto la ditta individuale. Il fenomeno è robusto e ha suscitato l'attenzione di sociologi ed economisti. Delle 235.000 nuove iscrizioni complessive di ditte individuali, circa 55.000 sono guidate da giovani fino a 29 anni di età. Un valore in crescita rispetto al 2009, quando la percentuale degli under 30 non superava il 20% e quindi, di fatto, solo un'azienda su cinque era capitanata da nuove leve. Secondo una ricerca commissionata dal quotidiano *Il Sole 24 Ore* sulle fasce di età dei nuovi imprenditori, emerge che «il 59% di chi ha deciso di mettersi in proprio ha meno di 40 anni, mentre la quota era del 56% l'anno precedente». Da alcuni anni la tendenza in atto conferma che si abbassa la media dell'età dei nuovi imprenditori, che coniugano nelle attività tanto una vena professionale quanto uno spirito imprenditoriale. È anche questo un frutto dei tempi che cambiano, della emergente parcellizzazione del lavoro, della necessità di darsi un'etichetta sociale da parte di coloro che intendono affacciarsi o anche ri-affacciarsi sul mercato del lavoro in vista di progressivi miglioramenti anche in termini di autonomia. E nella schiera dei nuovi titolari d'impresa aumentano anche gli imprenditori extracomunitari, che sono spesso obbligati ad aprire partita IVA per poter lavorare. Detto per inciso, secondo la Fondazione Ethnoland che monitora il fenomeno dell'imprenditoria degli immigrati, a fine 2009 le aziende intestate a extracomunitari assommavano a oltre 165.000, con un trend di crescita positivo che potrebbe portare a circa 200.000 imprese alla fine del prossimo biennio.

Insomma, nel calderone delle ditte individuali c'è davvero un po' di tutto: accanto ai tanti giovani preparati e volenterosi che hanno idee precise e vogliono farsi spazio in un mercato dove si chiede affidabilità e precisione, si trovano anche coloro che approdano alla decisione di aprire una ditta individuale per restare ancorati al mercato del lavoro. In questo bacino convivono dunque neolaureati che non trovano il posto fisso e lavoratori atipici che a seguito dell'ennesimo contratto a termine non rinnovato si trovano di fronte al bivio: disoccupazione o lavoro autonomo? Data questa situazione, è abbastanza probabile che a una fase di creatività imprenditoriale possa anche succedere una fase di mortalità. Ma, per fortuna, il bilancio da diversi anni è positivo e sono comunque più le ditte individuali che aprono rispetto a quelle che chiudono. Con buona pace e con buone prospettive per i giovani che si aprono al mondo dell'iniziativa imprenditoriale.

Mostra segnali di stabilità, invece, la presenza di donne imprenditrici. Secondo le ultime stime fornite da Unioncamere, nel nostro paese esistono circa 1.150.000 imprese in cui la presenza femminile si fa sentire. Ma occorre distinguere le realtà dove a comandare e a gestire l'attività sono realmente le donne da quelle dove invece sono azioniste o titolari, ma solo di facciata. Così per esempio, sulle 65.000 società di capitali dove è rilevante la presenza femminile, solo 11.000 sono effettivamente guidate da titolari donne. Le statistiche fotografano anche 230.000 società di persone e 12.000 cooperative con presenza femminile significativa. A fare la parte del leone sono però le ditte individuali, che sono circa 850.000, principalmente attive nel commercio, nel turismo, nell'agricoltura e nei servizi, come è per esempio il caso delle titolari di negozi e vendite al dettaglio.

Non mancano tuttavia tendenze degne di attenzione, come ha curiosamente messo in rilievo uno studio della Camera di Commercio di Monza e della Brianza, secondo cui oggi «esistono in Italia circa 1800 donne imprenditrici nel settore dell'autotrasporto, pari al 3,1% degli autotrasportatori complessivi. Ogni 13 nuovi autotrasportatori iscritti nel 2010, uno è donna». L'indagine snocciola altri dati e così si scopre che in Italia sono 400 le donne elettricisti (pari al 3,2% del totale) e che ogni 18 nuovi elettricisti iscritti nel 2010, uno è donna. Le tappezziere che restaurano anche mobili sono 1100, pari al 14,5% del totale; e circa 300 sono le titolari di attività di riparazione di scarpe (8% sul totale). Mentre con 300 donne falegname (1,6% del totale), 140 idraulici (0,3% sul totale), 700 carrozzieri e meccanici (pari all'1,4% del totale) e 2300 donne fabbro (il 5,1% dei fabbri in Italia), si dimostra che il gentil sesso sa anche lavorare sodo, con l'esercizio di lavori e di attività imprenditoriali finora ritenuti di esclusivo appannaggio maschile.

Un segno della vitalità imprenditoriale giovanile giunge anche dal ricorso agli incentivi pubblici: nel 2010 le richieste di contributi e prestiti d'onore per avviare microimprese da parte degli under 30 sono aumentate di circa il 30%. Sulla base di una legge del 2000 riguardante l'autoimpiego e l'autoimprenditorialità (Dlgs 185/2000) sono stati costituiti dei fondi dedicati, per esempio, per l'avvio di start up controllate da giovani under 35 residenti nelle aree svantaggiate del paese. Le agevolazioni sono veicolate attraverso tre canali: il contributo a fondo perduto, il mutuo agevolato e i servizi di assistenza tecnica. L'istituzione incaricata di gestire la raccolta delle domande, la valutazione delle idee imprenditoriali e l'erogazione dei fondi è Invitalia, l'agenzia nazionale per l'attrazione e lo sviluppo d'impresa. In circa 9 anni di vita, Invitalia ha ricevuto circa 110.000 richieste da parte di nuovi microimprenditori (soprattutto del Meridione) e ha finanziato 65.000 idee innovative grazie alla dotazione di circa 4 miliardi di euro. A incontrare il maggior gradimento è la formula dell'autoimpiego, che si traduce in prestiti d'onore e bonus a favore di personale disoccupato che voglia aprire una ditta individuale e che necessiti di un investimento non superiore ai 25.000 euro. Per Domenico Arcuri, amministratore delegato di Invitalia, «mediamente abbiamo in istruttoria circa 5000 domande, una cifra in crescita rispetto al passato. Le domande ormai giungono da ogni parte del paese, anche dalla Lombardia e dal Veneto», segno di un allargamento delle conoscenze, ma anche della crisi. I tempi per avere una risposta sono in media intorno ai quattro mesi, con un tetto massimo di sei, come previsto dalla legge, dopo la presentazione di tutti i documenti necessari per l'ottenimento delle risorse.

Un aiuto all'imprenditoria femminile giunge invece dalla legge 215 del 1992, che consente alle donne di ottenere finanziamenti e incentivi adeguati per creare nuova impresa. Questi sostegni vengono applicati nelle ditte dove il titolare è di sesso femminile, nelle cooperative dove almeno il 60% è formato da donne e in tutte le società di capitali amministrate per almeno i due terzi da donne. I benefici vengono concessi alle imprese femminili con meno di 50 dipendenti e con alcuni limiti riguardanti il giro d'affari. Una parte del contributo per l'imprenditoria femminile è a fondo perduto, senza prevedere quindi l'obbligo della restituzione, mentre un'altra parte, in genere variabile, deve essere restituita entro 10 anni a un tasso di interesse agevolato. I finanziamenti vengono normalmente erogati in due rate: la prima, del 30%, all'atto dell'approvazione del progetto e il saldo alla sua realizzazione o comunque entro 24 mesi dall'avvio degli incentivi. Tutte le informazioni e la modulistica per poter accedere ai finanziamenti per le imprese in rosa sono disponibili sul sito del ministero dello Sviluppo economico (*www.sviluppoeconomico.gov.it*).

«Salto di qualità possibile solo se arrivano i fondi»

Fare impresa in tempi di crisi. Nonostante tutto e con un capitale iniziale inferiore ai 10.000 euro. La scommessa di Simone Luciani e Sandro Diazzi, marchigiano il primo e di

Mantova il secondo, si chiama CinKue ed è una piattaforma online per l'acquisto e la vendita di servizi professionali *low cost*. «Sia io sia Diazzi lavoriamo come dipendenti in due società che si occupano di marketing e investimenti – racconta Luciani, che ha 27 anni e fa la spola tra l'Italia e l'Inghilterra – ma abbiamo un obiettivo: quello di diventare imprenditori. La scorsa primavera, dopo aver analizzato delle realtà analoghe presenti negli Stati Uniti, ci siamo seduti a un tavolo e abbiamo deciso di creare CinKue. Quindi abbiamo raccolto tutti i nostri risparmi, che erano poco meno di diecimila euro e, senza aver ottenuto alcun finanziamento, nel luglio del 2010 ci siamo buttati in questa avventura». Non certo priva di difficoltà. «Grazie al nostro investimento abbiamo potuto creare le fondamenta dell'impresa, commissionare la realizzazione di un software e mettere online il sito – prosegue il giovane imprenditore – con lo scopo di acquisire visibilità sul mercato. Queste azioni ci hanno consentito di farci conoscere dalla platea degli esperti e ci hanno fatto vincere il premio come migliore start up dell'anno al concorso *IdeasONAwards*. Grazie a questa tappa abbiamo avuto contatti con numerosi potenziali investitori». Che dopo un iniziale interessamento non hanno però dato seguito alle promesse. «Per fare il grande salto e consentire alla piattaforma di vivere in maniera autonoma – aggiunge Luciani – abbiamo bisogno di qualcuno che ci sostenga finanziariamente e che creda nello sviluppo futuro della società. Purtroppo, però, in Italia per due giovani under 30 è impossibile oggi ottenere un credito solo sulla base di una buona idea e di un buon progetto: per questo stiamo cercando, e in parte abbiamo già trovato, dei partner finanziatori all'estero, soprattutto nel mondo anglosassone, interessati a darci una mano». E a portare avanti la società. «Il nostro traguardo – conclude Luciani – è quello di poter lavorare a tempo pieno per la nostra azienda. Oggi questo non è ancora possibile, ma guardiamo al futuro con ottimismo. E nonostante la strada sia ancora in salita» (dall'articolo di G. Bassi, *Il Sole 24 Ore*, 18 febbraio 2011).

Da ricercatore a socio azionista

La storia di Christian Tregnaghi è quella di un giovane e promettente ricercatore che, grazie alle competenze acquisite, ha fatto il salto di qualità, diventando prima manager e poi socio azionista di un'azienda. La sua esperienza si colloca a metà strada tra le figure del manager e dell'imprenditore, dal momento che crea attività aziendali basate sulle nuove tecnologie. Dopo una laurea a Padova in Ingegneria delle telecomunicazioni, con una tesi sperimentale, Christian si occupa da subito di ricerca all'interno di Infotec, una società a responsabilità limitata promossa dalla rete accademica degli incubatori tecnologici. Corrono gli anni Novanta e si cominciano a studiare i sistemi aperti e i loro impieghi non tanto e non solo in ambito informatico, ma anche nelle applicazioni di comunicazione. E così prendono piede esplorazioni di ricerca che mirano a integrare il personal computer con la telefonia. È la cosiddetta CTI, acronimo che sta per Computer and Telecommunication Integration. Una sfida che piace molto a una società di San Bonifacio, in provincia di Verona, la Telenia Software, che lavora come sviluppatrice di applicazioni per le grandi realtà multinazionali dei servizi telefonici. I grandi gruppi lavoravano su sistemi proprietari, basati cioè su standard, procedure e applicazioni generate in proprio e di fatto non compatibili con quelle di altri operatori. Così, sul finire degli anni Novanta, Christian entra in Telenia Software con l'incarico di aprire una divisione societaria dedicata allo sviluppo di applicazioni open source nelle telecomunicazioni. E da allora è stato un cammino in crescendo, perché l'attività si è allargata e le richieste da parte delle aziende sono in costante aumento.

Nel corso del 2009 una società per la quale la Telenia Software lavorava, Nortel Network, andò in liquidazione ricorrendo al famoso Chapter 11. Sembrava che il mondo dovesse crollare, perché Nortel era un fondamentale punto di riferimento commerciale. Tregnaghi e l'azienda cominciarono a guardarsi in giro per trovare valide alternative e il mercato italiano diede loro ragione: si aprirono nuove linee produttive con nuovi clienti, come diverse compagnie telefoniche, società di pagamenti elettronici, società di servizi e banche, segno che le tendenze evolutive della domanda coincidevano con quelle dell'offerta. Intanto le attività di Nortel a livello internazionale venivano rilevate da Avaya. Di fronte ai successi, a questo punto non solo tecnologico-ideativi ma anche commerciali, la proprietà dell'azienda ha deciso di cooptare Tregnaghi nel consiglio di amministrazione, assegnandogli contestualmente una quota azionaria di minoranza, ma di tutto rilievo. Ora Tregnaghi guida una divisione dedicata, con lo scopo di fortificarla e svilupparla: «Di fatto – precisa il manager-imprenditore – si tratta di un'azienda che si muove in autonomia all'interno di una società che ha diversificato le sue attività. Con me lavorano attualmente cinque collaboratori, assunti a tempo indeterminato, ma le prospettive di crescita e di ampliamento sono evidentemente in atto e si pensa a pianificare lo sviluppo con un progetto adeguato, dal momento che uno dei nostri prodotti, il TVox, sembra avere una richiesta superiore alle attese».

«In pista dodici ore al giorno»

«Portare avanti una società è come avere una seconda famiglia – racconta Mattia Giani, socio insieme a Mauro Turatti di Hyperactive Studio – e si devono fare dei sacrifici, ma si fanno per se stessi e non per qualcun altro. Ma se le cose vanno male ne rispondi tu direttamente». Hyperactive Studio è una piccola azienda del milanese che si occupa di fotografia e pubblicità. Mattia Giani e Mauro Turatti hanno rispettivamente 27 e 31 anni. Mauro si occupa della parte fotografica, Mattia, invece, della post-produzione. «Ciascuno di noi due, fino al 2009, aveva un'attività individuale. Abbiamo deciso – spiega Mauro Turatti – di metterci insieme (la nostra società è una snc ed è stata creata il 3 marzo 2010) poiché il mercato della fotografia, così come quello della pubblicità, è profondamente cambiato nel corso degli ultimi anni. Ci conoscevamo comunque, anche se superficialmente, da circa un anno. Certo – prosegue ancora Turatti – c'è voluto coraggio, però penso che la decisione di fondare Hyperactive Studio fosse inevitabile». Ma perché scegliere proprio un periodo difficile come il 2010, con i postumi di una crisi fortissima, per buttarsi in una nuova avventura professionale? «Devo dire – spiega Turatti – che noi in realtà l'anno scorso non abbiamo sentito la crisi. Questo è dovuto anche al fatto che abbiamo lavorato con un grande cliente. Posso dire che nel primo anno le cose ci sono andate bene. Quest'anno ci metteremo in gioco sul serio».

«Metterci insieme ci ha consentito di affrontare le situazioni trovando una nuova strada – racconta a sua volta Mattia Giani – e in due è possibile riuscire a dare risposte più immediate e più complete ai clienti, essere sempre a contatto con loro, capire meglio le loro esigenze. Il segreto è non rimanere mai fermi, ma continuare ad andare avanti. Anche il nome della nostra società, in un certo qual modo, non è del tutto campato per aria. E poi è necessario tantissimo sacrificio, dedicare l'anima alla società. Lavoriamo una media di dodici ore al giorno, e a volte anche di più. Spesso si lavora anche durante il fine settimana» (dall'articolo di F. Sarcina, *Il Sole 24 Ore*, 18 febbraio 2011).

La diplomatica d'industria

Quando viveva tra i monti come Heidi, sognava di intraprendere l'attività diplomatica, di muoversi tra segreterie di stato e istituzioni internazionali. In un certo senso questa è la sua attività imprenditoriale odierna. Anche se non frequenta cancellerie e *foreign offices*, le sue relazioni sono tuttavia altolocate: dialoga disinvoltamente in diverse lingue con presidenti e amministratori delegati di multinazionali il cui fatturato è in grado di pareggiare il PIL di stati sovrani. Lei è Gertraud Bacher, originaria di Vipiteno, Alto Adige, una laurea in Scienze politiche a Milano, a cui ha fatto seguire un master in politica internazionale. Fresca di studi, una quindicina d'anni fa, a neanche 25 anni di età, la Bacher entra nella consociata di una società tedesca per curare i rapporti con la casa madre, grazie alle sue robuste competenze linguistiche. Dopo pochi mesi di attività le fu richiesto di occuparsi di risorse umane: «All'inizio accettai con amarezza perché volevo fare altro – ricorda – ma in breve tempo è nata una passione che mi ha portato ad approfondire materie come il diritto del lavoro e il diritto sindacale, che non ho più abbandonato».

Gertraud, che nella sua impostazione sposa il rigore imprenditoriale alla concezione umanistica, crea l'ufficio delle risorse umane e lo sviluppa in un'epoca in cui l'azienda si segmenta, stipula accordi, si sviluppa per linee interne ed esterne. Le ristrutturazioni non le fanno paura, non teme le procedure di "merger and acquisition", affronta con serenità i cambiamenti organizzativi. «Ho cercato di rendere l'ufficio del personale un organismo aziendale super partes per tutelare il dialogo tra il datore di lavoro e tutti i dipendenti, in modo da risultare garante di entrambe le parti». Altro che compilazione di cedolini e distribuzione di buste paga! Il lavoro di responsabile delle risorse umane è uno studio continuo, un'indagine antropologica sul comportamento, i valori e l'idealità di uomini e donne che sono chiamati a condividere esperienze di lavoro e di vita in un ambiente che può motivare, ma anche deludere. E così, tra una fusione e l'altra, una cessione di ramo d'azienda e un'incorporazione per fusione, Gertraud si prende pure un'altra laurea magistrale, questa volta in psicologia, con indirizzo – ovviamente – in psicologia del lavoro. In azienda l'indagine sulle motivazioni interiori coincide con il processo organizzativo e gestionale.

E lei sfrutta questo strumento intellettuale che unisce Freud a McKinsey per reimpostare le sue giornate, il suo metodo, le sue finalità all'insegna della convinzione che, anche se esistono in campo aziendale forze antagoniste, non si deve essere di parte, nell'interesse della stessa azienda. Medita su questi concetti a lungo. Finché il desiderio di fare e decidere in proprio diviene impellenza e volontà.

«Avevo visto e scoperto – precisa la Bacher – che nelle organizzazioni si creano dei buchi, dei vuoti gestionali, dovuti all'assenza di comprensione e di valutazione delle risorse umane e delle loro potenzialità. Siamo capaci di misurare il costo del personale, ma non sappiamo dare una misura e un peso alla perdita che si registra in un'azienda quando chi vi lavora non si esprime al massimo delle sue capacità». Da qui l'idea di impresa, abbozzata nel 2005: creare una società di consulenza a 360 gradi, che si occupi di tutti gli aspetti amministrativi e gestionali, come fosse un'istituzione diplomatica indipendente, autorevole per capacità di mediazione e semplice per quanto riguarda la struttura. Dopo una fase di esplorazione per dare corpo all'idea e trovare partner, Gertraud elabora un progetto d'impresa, lo discute e lo valuta con esperti, sino a farsi guidare per un anno intero da un tutor dell'organizzazione Virgilio, un'iniziativa promossa dalle associazioni industriali, Camere di Commercio e Rotary, per dare supporto ai neoimprenditori. E così nel giugno del 2010 ha preso vita Asap, una srl con sede a Milano, che conta tre dipendenti oltre a una dozzina di consulenti e partner professionali per offrire servizi integrati di consulenza aziendale, con uno spiccato senso pratico e un ventaglio di sensibilità e competenze in grado di dare risposte veloci a tutti gli aspetti amministrativi e gestionali. «Questo servizio svolto all'esterno – evidenzia la Bacher, che oggi è l'amministratore unico della srl – è un vantaggio per le aziende clienti, che risparmiano tempo e riducono le preoccupazioni perché il nostro ruolo è un punto di vista diverso e neutrale rispetto alle parti coinvolte». È così che oggi Gertraud Bacher guida un'impresa di servizi del terziario nel cuore della metropoli, senza tralasciare lo spirito della ricerca e quell'acutezza tipica delle donne per le quali le ragioni della vita e dello studio si confondono l'una nell'altra. Come in diplomazia, dove le azioni degli esseri umani sono un libro aperto: basta saperlo leggere.

L'imprenditore del credito democratico

Era giunto in Italia dalla Francia a metà degli anni Settanta per frequentare l'università. A Milano si è iscritto alla Cattolica, dove ha conseguito la laurea in Scienze economiche con il massimo dei voti, poi ha seguito un corso di specializzazione in Amministrazione aziendale alla Bocconi. E lui, Otto Bitjoka, è fiero di due cose: delle sue origini camerunensi – in particolare, della sua etnia bantu – e di non aver mai inviato un curriculum per cercare lavoro nella sua vita, giunta a 50 anni o poco più. Oggi è un imprenditore che si pone al servizio di altri immigrati e imprenditori, dopo avere realizzato diverse iniziative che hanno suscitato molto interesse nel panorama istituzionale e sociale milanese. «Sono un imprenditore e un motivatore di altri imprenditori – precisa Otto Bitjoka – perché credo che si debba avere un ruolo di collante con coloro che antropologicamente sono chiamati a vivere lo stato di migrante. Le mie attività sono legate a ciò che osservo, a ciò che vedo e che colgo come bisogni e richieste di aiuto».

Nel 2001 Bitjoka fonda Ethnotel, una società con diversi centri sparsi per l'Italia al fine di offrire un servizio per gli immigrati che vogliono telefonare ai parenti rimasti nei rispettivi paesi d'origine. Dal servizio puramente vocale l'idea si allarga anche alla gestione del traffico dati e alla telematica, per tutte le pratiche e le necessità degli immigrati. L'iniziativa venne chiusa nel 2008 «perché– precisa Bitjoka – bisogna rendersi conto che il futuro è nella rete Internet ed è verso questa nuova realtà tecnologica e di comunicazione che si deve guardare con maggiore attenzione». Il progetto che ora anima gli interessi di Bitjoka è la creazione di un grande portale di servizio da collocare in rete, che si ponga in contatto diretto con tutti coloro che, in quanto immigrati, in Italia vogliono accedere a credito, prestiti, mutui. Il motore dell'iniziativa è la Fondazione Ethnoland, istituita sin dal 2003, una realtà che si pone come raccordo tra le istituzioni e le circa 200.000 imprese italiane rette da imprenditori immigrati. «Attraverso un accordo tra questa associazione, che non ha scopo di lucro, e una società che opera nella consulenza bancaria per creare modelli previsionali di sviluppo e che si occupa, in poche parole, di *business intelligence* – spiega Bitjoka –, siamo in grado di realizzare un sito Internet sull'esempio di altri già esistenti per dare credito a coloro che non ne hanno neanche da un punto di vista sociale. Per molte persone che giungono in Italia da altri paesi, come per esempio il Bangladesh o il Ciad, il problema di ottenere prestiti non è tanto e solo nelle garanzie, quanto piuttosto nella tracciabilità della loro storia. Il portale servirà anche a questo: a dare una storia a chi si presenta con un vuoto informativo, ma è degno di meritare credito, fiducia, riconoscibilità».

E quale potrebbe essere l'obiettivo ultimo di questa serie di iniziative dove le competenze imprenditoriali si sposano con i valori del cambiamento? «Lo scopo ultimo – approfondisce Otto Bitjoka – è la realizzazione di un modello economico che potremmo definire di "democrazia creditizia", dove i capitali e i prestiti siano forniti sulla base di criteri omogenei e condivisi, basandosi sulle reali capacità e indipendentemente dal paese d'origine di ogni persona». Per raggiungere questa vetta, che aveva individuato già al tempo dei suoi studi universitari e che rappresenta una costante – quasi una missione – nella sua vita lavorativa, Bitjoka ha fondato alcuni anni fa Imprendim, un fondo di capitali per sostenere la nascita e lo sviluppo delle nuove imprese da parte degli immigrati, con la partecipazione di alcune realtà istituzionali. E dopo questo, un altro dei suoi progetti è quello di Extra-Banca, l'istituto di credito per immigrati controllato da Fondazione Cariplo e gruppo Generali, presentato al mercato nel 2010, di cui è stato nominato vicepresidente, quale riconoscimento per il contributo ideativo ed elaborativo che ha fornito. «Mi auguro – dice Bitjoka – che tutte queste iniziative possano gemmare e moltiplicarsi sul territorio nazionale. Da parte sua, la Fondazione Ethnoland cercherà di seguire e di dare un supporto anche di conoscenza agli operatori che si muovono in questo filone. Stiamo elaborando un modello previsionale che tiene conto, in termini matematici ed econometrici, di come procede lo sviluppo demografico italiano e di quale sia il peso della ricchezza creata dai nuovi cittadini. In futuro saremo anche in grado di valutare l'impatto dei risparmi e degli investimenti degli immigrati sulle attività produttive, sui consumi e sull'indotto che generano». Ma non è tutto, perché Bitjoka pensa anche alla possibilità di dare vita a una proposta concreta di *private equity* – cioè di capitale di partecipazione al rischio delle imprese – per le società fondate da immigrati, con un fatturato fino a 2 milioni di euro: «Senza metterci in concorrenza con altri operatori, anzi mettendoci potenzialmente anche al loro servizio in un'ottica di cooperazione – conclude l'imprenditore degli imprenditori –, perché l'obiettivo resta quello di creare un sistema del credito aperto a tutti, senza alcuna distinzione».

8. Nuovi stili di vita

Le tecnologie, l'impatto dei mercati emergenti, ma anche fattori demografici e culturali, stanno determinando cambiamenti negli stili di vita, nei consumi, nel lavoro, nel tempo libero, nelle modalità di trasporto. Su queste tendenze alcuni nuovi imprenditori hanno deciso di giocare le loro carte, puntando sulla capacità di anticipare i tempi. In campo alimentare si assiste a un incremento del commercio dei prodotti biologici, mentre crescono i volumi della frutta e della verdura "a chilometro zero". Per alcuni sociologi si fa strada un comportamento progressivamente più selettivo, in grado di privilegiare i beni essenziali. La maggiore sobrietà e selettività dei consumi guiderà le scelte verso prodotti e servizi più sensati e meno condizionati dalle mode e dal senso dell'effimero, che invece avevano contraddistinto stili di vita di precedenti generazioni. Nel campo della grande distribuzione organizzata, per esempio, cresceranno le quote delle "private label" rispetto all'attività delle grandi marche.

Anche gli stili di vita – e conseguentemente i consumi – dei ceti più abbienti si sono modificati: l'agiatezza viene meno esibita e qualche osservatore critico ha cominciato a parlare di "lusso etico", per definire le produzioni e le attività che, pur puntando in alto, sono attente ai temi ambientali, alla responsabilità sociale, al lavoro qualificato. I diffusi atteggiamenti di semplicità e selettività indurranno le imprese ad adeguarsi con un'offerta in linea con i gusti e la sensibilità dei nuovi tempi. Queste considerazioni non sono isolate riflessioni, perché, in realtà, si traducono in filiere produttive con un'economia diffusa e integrata. Si pensi all'esperienza chiave di Slow Food, che ha messo in moto attività produttive indirizzate a un certo tipo di consumo, con ristorazioni appropriate che sono a loro volta agganciate a produzioni agricole tipiche. Si aggiunga quanto conta già oggi l'offerta di agriturismi in Italia.

La logica della semplicità unita a quella dell'efficienza tecnologica sta impattando notevolmente anche sul turismo, uno dei settori strategici per il rilancio del paese: anche i turisti stranieri che approdano in Italia per una visita o per trascorrervi le vacanze tendono a privilegiare sempre di più l'intensità dell'esperienza alla durata del soggiorno. I voli *low cost* consentono di raggiungere molti centri a prezzi ragionevoli e per brevi periodi. Si allarga così l'offerta di viaggi per giovani e per persone più avanti con gli anni, con nuove prospettive dal valore sociale rilevante.

È tuttavia fuori di dubbio che una delle tendenze in atto più robuste è caratterizzata dall'offerta di nuovi servizi di comunicazione e di commercio basati sull'adozione di nuove tecnologie. Un filone in rapida crescita è rappresentato dalle attività e dai consumi legati ai nuovi media (Internet, telefonia cellulare, smartphone, iPad, TV digitale e canali satellitari, PC-games) e ai nuovi modelli di gestione e di rappresentazione delle forze sociali, *in primis* i social network, che si basano proprio su Internet e sulla comunicazione via cellulare (si pensi a Facebook e Twitter). In termini socio-economici si affermano tribù digitali che migrano e si assemblano su piani virtuali, secondo gusti e preferenze noti antropologicamente, ma ancora da definire in termini di attività economica e produttiva, perché sostenuti da un potenziale di crescita che di fatto ha come orizzonte l'intero pianeta. Pensiamo ai giochi elettronici per playstation, agli applicativi per la telefonia, alle aste telematiche, all'e-commerce, ai gruppi di consumo: sono tutti legati alla messaggistica via Internet o via cellulare. Come effetto accadrà che, per esempio, di fronte a un aumento della diffusione dei canali media disponibili, il ruolo della televisione generalista e di grande pubblico diverrà meno importante e strategico per comunicare e per trasmettere messaggi all'interno della società.

Il pubblico, già oggi, si fraziona per gruppi di interesse. Come conseguenza, i consumi di massa, che oggi si basano ancora prevalentemente sui media tradizionali, si frammenteranno sempre più. Gli spot non saranno più solo televisivi e le grandi marche faranno ricorso a propri mezzi di comunicazione per diffondere via Web e via cellulare la comunicazione televisiva che desidereranno promuovere presso la propria clientela o presso quella potenziale. In questo quadro giocheranno un ruolo significativo i produttori di servizi televisivi via Web, mentre l'editoria classica, basata sulla carta, appare destinata a una contrazione ineludibile. Questi cambiamenti interverranno sulle case editrici, sul mercato della consulenza e della formazione professionale e sull'intera filiera culturale, che sarà chiamata ad armarsi di maggiore strumentazione tecnologica e di contenuti adeguati. Nel campo assicurativo, da quando sono nate, le offerte di polizze auto via Internet e via telefono hanno conquistato quote di mercato crescenti e nel 2010, in Italia, l'8% delle coperture assicurative automobilistiche è stato sottoscritto per via telematica.

L'e-commerce continuerà a svilupparsi anche per i beni e per i servizi ancora trattenuti dai costi e dalle incertezze della logistica per la consegna al cliente finale. Ma la diffusione della tecnologia informatica, oltre alla nascita di opportuni punti logistici nelle città (mail box, punti vendita riadattati, centri di raccolta, smistamento e spedizione conto terzi, oltre a servizi di pagamento elettronico per bollette e altre soluzioni), potrebbe dare impulso a una filiera che ha tutte le caratteristiche per essere promettente e autorevole. Secondo le stime di AICEL, l'associazione italiana delle aziende che operano nel commercio elettronico, «il mercato cresce a ritmi superiori alla media del 10% ed è previsto che possa raddoppiare di valore entro i prossimi 4-5 anni», con prospettive di moltiplicazione anche degli operatori professionali.

Un'azienda italiana che si sta fortificando sul ricco segmento dell'e-commerce è Terashop, creata nel 1999 su idea di Antonio Lembo e di Luca Sepe (l'ideatore del Pony Express). Grazie alla partecipazione diretta dei Fondi EIF, Kiwi 1 e Kiwi 2 di Elserino Piol (investimento per complessivi 8 milioni di euro), la società ha potuto acquisire nel corso degli anni diversi marchi e altre società o divisioni di aziende. Dopo una fase critica a cavallo degli anni 2006 e 2007, al termine della quale è rimasto solo Lembo mentre Sepe ha lasciato il gruppo, è partito un rilancio, con un inserimento ancora più spinto nella vendita di prodotti e di beni durevoli, oltre che di personal computer e prodotti informatici. Secondo i propositi degli amministratori, nei prossimi anni l'attività di commercio elettronico potrà estendersi anche ad alimentari, abbigliamento, orologeria, arredo e servizi per la casa, rispettando la stagionalità e i gusti della clientela.

Da pochi mesi è nato anche Private Outlet, un servizio per la vendita sul Web dei prodotti in saldo nella categoria del "lusso abbordabile". La formula è legata alla creazione di un club privato: per poter accedere allo shopping online è necessario iscriversi e far parte di una "shopping community" – una sorta di tessera telematica di fidelizzazione – che consente di visionare il catalogo e il campionario delle merci in saldo e prenotarne l'acquisto, con sconti che possono arrivare anche al 70% sul prezzo standard. Nell'ultimo anno gli acquisti online da parte degli utenti hanno privilegiato scarpe, borse, orologi e accessori.

Un'azienda a suo modo innovativa che commercializza online prodotti usati è Il mercato dell'affare di Goito, nel mantovano. Il suo titolare, Riccardo Kuzniarz, ha avuto l'idea alcuni anni fa: rilevare televisori e materiale elettronico dal circuito delle esposizioni come fiere e centri commerciali. Una volta che questo materiale viene estratto dall'imballaggio e presentato al pubblico è considerato usato. Attraverso Internet, i clienti prenotano l'acquisto di ciò che si trova sul sito a un prezzo inferiore del 30-50% rispetto alla media di mercato, ma ancora in garanzia e con tutti gli accessori originali. Nello scorso anno questa attività (che nel mondo anglosassone viene definita "refurbishing") – svolta via rete per oltre il 90% – ha consentito a Kuzniarz di fatturare oltre 3 milioni di euro. In provincia di Varese c'è un altro operatore che svolge qualcosa di analogo: Fresh Fruit importa smartphone e telefoni dai paesi dell'Est per proporli agli utilizzatori italiani, una volta che hanno terminato la fase di promozione nelle fiere specializzate.

C'è da considerare anche che – per quanto riguarda il cambiamento degli stili di vita – gli italiani che lavorano e che stanno fuori casa tutto il giorno hanno bisogno di servizi, commerciali e alla persona. Il tempo libero si riduce e deve essere ripensato in termini di intensità ed efficienza. In quest'ottica è destinata a crescere la quota di attività in grado di prolungare l'orario di esercizio oltre la mezzanotte. La moda è nata a New York e si è diffusa prima a Berlino e a Londra, ora si sta diffondendo anche in Italia. Fare shopping fino alle 2 di notte sarà una realtà ancora più diffusa nei prossimi anni. A Salerno, il gruppo Sigma ha inaugurato un punto vendita aperto 24 ore su 24, con Internet point, panificio con pane e dolci caldi, rosticceria e caffetteria, oltre ai tradizionali banchi alimentari. E non solo. È in aumento il numero di parrucchieri serali, che trasformano il negozio in luogo d'incontro dove prendere l'aperitivo, ascoltare musica o più semplicemente chiacchierare con le amiche. In questo trend si è inserito Bigodini e Estilò a Milano, nella capitale impazza Contest Rock Hair e altri imitatori romani si stanno avvicinando all'idea. A Torino ha grande successo un'originale lavanderia, Wash Bubble Bar, dove si cena mentre si aspetta che la lavatrice faccia il bucato. In stato di progetto si trovano anche librerie aperte alla sera, dove cenare e ascoltare musica o seguire concerti di nuovi autori. Ma anche le palestre stanno mutando pelle: a dettare legge è la catena 20 Hours, che apre le proprie sale attrezzi dalle 6 del mattino alle 22. Questa rivoluzione dei costumi deriva da una certa crisi dei consumi che ha imposto di riprogettare i punti vendita, ma anche dalla crescita esponenziale del numero dei single nelle grandi città.

Un'altra forza importante destinata a cambiare gli usi e i costumi, soprattutto dei giovani, è costituita dalle nuove piattaforme tecnologiche come le playstation, i videogame e, in prospettiva, la web-TV, la televisione che viaggia sulla rete. Le nuove soluzioni digitali, come per esempio PopcornTv, rappresentano le più avanzate frontiere applicative per avere film, documentari, sport, cartoni animati e altro ancora, tutto on-demand, gratuito e legale. Con le web-TV non sono necessari cavi, antenne, schede di abbonamento, decoder: con il wi-fi, i telefoni cellulari e i tablet diventano portatili. In questo filone stanno sorgendo nuove attività, sotto la sigla "digital signage", per la produzione di filmati a 360 gradi, dal documentario culturale per le scuole e il turismo alle riprese di corsi di formazione e di comunicazioni aziendali a scopo promozionale. Un'azienda tra le prime che in Italia ha individuato e cavalcato questa tendenza è SenapeTv di Modena. Ma molte altre ne stanno seguendo il modello.

Convertita sulla via del ginseng

Dopo gli studi, Antonella Belleggia era andata a lavorare da un commercialista per affinare le sue competenze nella contabilità. Non immaginava, da giovane, che sarebbe diventata presidente di una società, per giunta di sua proprietà. All'età di quarant'anni, infatti, le capitò un'occasione che non si lasciò sfuggire. «I soci di una società di importazione che erano clienti dello studio – ricorda la Belleggia – mi fecero la proposta di entrare tra gli azionisti, per gestire una fase delicata e ripristinare un equilibrio che era venuto a mancare. Così entrai nel consiglio di amministrazione della Pepe, una società a responsabilità limitata con sede a Bologna, che trattava acquisti di materie prime alimentari dai paesi dell'Estremo Oriente». Correva l'anno 2005 e sul mercato italiano cominciavano ad affacciarsi e a diffondersi nei bar e nella ristorazione prodotti esotici particolari come il guaraná, il ginseng e i tè aromatizzati. La Belleggia si mette a studiare: legge libri sulle *commodity*, studia le qualità e i prezzi di alcuni prodotti ed estratti naturali e punta l'attenzione sulle proprietà del ginseng. La radice dalle particolari qualità la affascina e decide di potenziarne gli acquisti. Intanto, per i continui e crescenti dissidi, i soci che avevano fondato la società mollano la presa. La Belleggia decide di rilevare le quote e di assumersi la diretta responsabilità dell'azienda, facendosi aiutare in questo anche dal marito e da un piccolo gruppo di collaboratori. «Nel 2007 era partita, di fatto, una nuova realtà – precisa colei che della Pepe srl divenne quell'anno presidente – e anziché accontentarci di commercializzare un prodotto solubile malese di caffè al ginseng per il quale si era pensato fino ad allora di rivolgersi solo alla rete dei torrefattori, cominciammo invece a pensare di offrire capsule rivolgendoci al mercato dei bar, potenzialmente più ricco e promettente. Così venne avviata una nuova proposta: grazie all'acquisto in leasing vengono diffuse in comodato d'uso le macchine erogatrici da bar per i nostri prodotti, certificati nel frattempo come prodotti senza grassi idrogenati».

In seguito viene perfezionata la realizzazione di una incapsulatrice e si brevetta una soluzione che trova ampio riscontro sul mercato, tanto da consentire la firma di un accordo con un gestore molto importante e diffuso sul territorio nazionale. «A questo punto – spiega ancora la Belleggia – grazie allo sviluppo delle attività commerciali su tutti i possibili fronti: bar, hotel e caffetterie, macchinette degli uffici e vendita presso le famiglie e i consumatori finali, stiamo lavorando su tre turni giornalieri e non riusciamo a consegnare prima di 35 giorni». Il mercato è esploso, soprattutto dal lato della domanda: la gente comune considera il caffè al ginseng un prodotto che, al pari del caffè d'orzo, si aspetta di trovare in qualsiasi punto vendita, sia esso un bar o Autogrill in autostrada.

La concorrenza si è fatta agguerrita e oggi i nuovi operatori entrano nel mercato con forze pesanti perché, da piccola nicchia, il caffè al ginseng è diventato un asset strategico e imprescindibile. «Per questa ragione – approfondisce la presidente di Pepe srl – abbiamo deciso di ampliare l'offerta, per presentarci al mercato e alla rete degli intermediari come fornitori globali. In catalogo abbiamo inserito anche bustine di tè, di camomilla, di guaraná e di altre specialità come il brodo vegetale e bevande energizzanti per la coppia, che rappresentano un nuovo trend di mercato». Da considerare che, mentre il ginseng è fondamentalmente un adattogeno naturale – la cui assunzione continua consente cioè di adattare l'organismo alle nuove condizioni di vita – il guaraná è invece un tonificante naturale, che invece tende a "pompare" il cuore, dando carica e modificando le condizioni dell'organismo: tutte qualità che alla Belleggia sono ormai note, ma che a molti clienti e rivenditori devono essere specificate attraverso incontri e momenti formativi.

Tanto la farmaceutica quanto l'erboristeria – e ora anche la cucina e la ristorazione – sono alla ricerca di principi attivi naturali con cui stimolare o rilassare i muscoli e lo spirito degli individui, il cui ritmo di vita è diventato frenetico e ha bisogno ora di essere sostenuto, ora di essere calmato. Se ci soffermiamo un attimo e riflettiamo, scopriamo che le bevande esotiche non sono solo una risposta al desiderio di nuovi gusti: sono un'esigenza, una diretta emanazione del nostro stile di vita che cambia e che si modifica, richiedendo continui e spesso contrastanti adeguamenti alla forza e alla calma. Anche così si spiega il successo di un'attività e la crescita del fatturato di un'azienda come la Pepe, il cui giro d'affari ammonta ad alcuni milioni di euro. Non molti magari, ma in continua crescita, anche e soprattutto per il fiuto della sua titolare, che ha colto, più che la bontà degli estratti e degli aromi, l'essenza dei tempi moderni in cui viviamo.

Il pioniere approda in Borsa

Sono dieci anni che Federico Marchetti, fondatore di Yoox.com, si sente guardato con sospetto o, alternativamente, con invidia e, in casi più rari, con ammirazione. In molti nel 1999 pensavano che la sua pazza idea di mettersi a vendere moda su Internet partendo dall'ostico mercato italiano, con l'ambizione di diventare un player europeo e poi mondiale, sarebbe naufragata in poco tempo. Marchetti, classe 1969, ha smentito scettici e invidiosi e ha dato ragione a chi aveva creduto, finanziandolo, nel suo progetto di e-commerce. *In primis* Elserino Piol, uno dei pochi *venture capitalist* davvero visionari che l'Italia abbia avuto negli ultimi anni. Da giovedì 3 dicembre 2009 i titoli di Yoox.com sono trattati (unica matricola dell'anno) al segmento Star di Borsa italiana. «Per troppi anni – precisa Marchetti – i marchi della moda e del lusso hanno guardato con scarso interesse a Internet, ma nel 2009 c'è stata la svolta. Le paure cominciano a svanire e i brand hanno capito il potenziale del Web non solo come canale distributivo ma anche di comunicazione e di contatto con i clienti finali, che ormai sono globali proprio come Internet».

Mentre i grandi marchi meditavano (o perdevano anni preziosi, a seconda dei punti di vista) Marchetti ha fatto di Yoox.com una sorta di multinazionale tascabile dell'e-commerce: nei primi nove mesi del 2009 i ricavi hanno raggiunto quota 106,7 milioni, in aumento del 48,8% rispetto ai 71,7 milioni dello stesso periodo del 2008. Dal 2006 Marchetti aiuta i marchi ad aprire boutique virtuali che si rispettino e gli "online store powered by Yoox.com" sono già 16, tra cui Emporioarmani.com e Diesel.com. Da due anni, inoltre, all'indirizzo Yoox.com si possono comprare anche oggetti di design e collezioni create *ad hoc* per il portale, in edizione limitata (da G. Crivelli, "Oggi arriva in Borsa il pioniere italiano", *Il Sole 24 Ore*, 3 dicembre 2009).

La prima casa d'aste immobiliari

«Eravamo al bar, e parlando tra noi...». La classica storia sembra ripetersi. Flavio Sanvito, che oggi è amministratore finanziandolo, nel suo progetto di e-commerce. *In primis* Elserino Piol, uno dei pochi *venture capitalist* davvero visionari che l'Italia abbia avuto negli ultimi anni. Da giovedì 3 dicembre 2009 i titoli di Yoox.com sono trattati (unica matricola dell'anno) al segmento Star di Borsa italiana. «Per troppi anni – precisa Marchetti – i marchi della moda e del lusso hanno guardato con scarso interesse a Internet, ma nel 2009 c'è stata la svolta. Le paure cominciano a svanire e i brand hanno capito il potenziale del Web non solo come canale distributivo ma anche di comunicazione e di contatto con i clienti finali, che ormai sono globali proprio come Internet».

Mentre i grandi marchi meditavano (o perdevano anni preziosi, a seconda dei punti di vista) Marchetti ha fatto di Yoox.com una sorta di multinazionale tascabile dell'e-commerce: nei primi nove mesi del 2009 i ricavi hanno raggiunto quota 106,7 milioni, in aumento del 48,8% rispetto ai 71,7 milioni dello stesso periodo del 2008. Dal 2006 Marchetti aiuta i marchi ad aprire boutique virtuali che si rispettino e gli "online store powered by Yoox.com" sono già 16, tra cui Emporioarmani.com e Diesel.com. Da due anni, inoltre, all'indirizzo Yoox.com si possono comprare anche oggetti di design e collezioni create *ad hoc* per il portale, in edizione limitata (da G. Crivelli, "Oggi arriva in Borsa il pioniere italiano", *Il Sole 24 Ore*, 3 dicembre 2009).

La prima casa d'aste immobiliari

«Eravamo al bar, e parlando tra noi...». La classica storia sembra ripetersi. Flavio Sanvito, che oggi è amministratore delegato di Aste Immobiliari Italiane, una srl con sede a Milano, la ricorda con vivacità: «Ci è venuta l'idea di provarci, di mettere giù un progetto e di unire le forze». L'avventura della società che oggi amministra è nata quasi per gioco, è diventata presto un esercizio della mente, quindi una società che oggi miete alleanze con gruppi bancari per gestire le compravendite immobiliari con il metodo dell'asta. Nel 2004, insieme a Silvia Bondio e altri due proprietari immobiliari, Sanvito ha deciso di aprire la società iscrivendola al Registro delle Imprese della Camera di Commercio di Milano. Ancora oggi, Aste Immobiliari Italiane è la prima e l'unica casa d'aste dedicata. «Ci siamo adeguati al modello anglosassone, che prevede la vendita da privato a privato, nei termini di legge, quindi senza che possano farvi ricorso agenzie o intermediari», ricorda il professionista, che adesso ha 48 anni. In tal modo, è vero che i proprietari di immobili devono calmierare le loro ambizioni e presentarsi al mercato con un prezzo non esagerato, ma c'è il vantaggio di riuscire a vendere in breve tempo e senza particolari lungaggini. In sostanza, esiste un sito Internet (*asteimmobiliariitaliane.it*) dove chi è interessato può consultare quali e dove sono gli appartamenti in vendita, registrarsi per la data dell'asta e presentarsi nella sede della società il giorno indicato per partecipare alla gara. «Al momento – spiega Sanvito – abbiamo in media un'asta al mese, ma contiamo di raddoppiare la frequenza entro breve, visto il crescente interesse del mercato e quello delle banche a farsi partner di questa iniziativa».

La società non tratta immobili che provengono da fallimenti (per questo ci sono i tribunali e le aste specifiche), ma abitazioni di privati che vogliono vendere o sono costretti prietà, la presenza di eventuali ipoteche e altri dati importanti per una valutazione corretta dell'immobile, come per esempio la qualità dei locali interni e dell'architettura complessiva. A ogni asta è presente un notaio per la certificazione di tutti gli atti. È garantita la privacy a tutti coloro che decidono di assistere all'asta: gli interessati possono manifestare il loro desiderio di partecipare già via Internet compilando un modulo e quando si presentano all'appuntamento ricevono un'etichetta numerata per identificare i loro rilanci. Anche questi sono in genere predefiniti e comunicati prima della data dell'incontro. «Non è facile crescere in un paese dove la presenza e il ruolo delle agenzie è predominante – conclude Sanvito –, ma è la caratteristica dei pionieri quella di aprire la strada a nuove interpretazioni delle tendenze di mercato». All'estero questo modello è già ampiamente adottato. E presto potrebbe esserlo anche in Italia.

Quando il Circolo ricreativo aziendale diventa un business

Le città crescono, il traffico aumenta e la circolazione risulta sempre più congestionata. In periferia si moltiplicano i quartieri dormitorio, mentre nei paesi dell'hinterland urbano si addensa la popolazione. Risultato: aumentano i pendolari, gli utilizzatori di treni e mezzi di trasporto pubblico per recarsi al lavoro. Sui bisogni e sulla complessità di questo nuovo stile di vita, contraddistinto dai tempi per raggiungere la sede dell'attività, è nata un'impresa particolare. L'idea è venuta a due giovani, Federico Isenburg e Federico Bianchi, due milanesi che in fatto di stress da trasporto la sanno lunga, un po' perché lo hanno vissuto e lo vivono quotidianamente e un po' perché hanno studiato i modelli di gestione degli abbonamenti che vengono adottati all'estero. Nel 2007, da poco laureati e con una breve ma intensa esperienza in multinazionali, i due giovani hanno deciso di aprire con quote paritetiche Muoversi, una srl specializzata nella gestione di ciò che viene tecnicamente chiamato Mobility Management e che riguarda tutti gli aspetti della mobilità urbana per conto delle grandi aziende. «Diciamo – precisa Federico Isenburg, il presidente di Muoversi – che abbiamo sviluppato adeguate competenze sulla complessità degli spostamenti dei lavoratori verso le imprese. Così, per esempio, abbiamo creato una piattaforma su Internet per gestire direttamente gli abbonamenti dei pendolari per conto delle aziende che aiutano o sovvenzionano in tutto o in parte il costo dell'operazione annuale».

Il campo di attività della società è tutto il territorio nazionale e la clientela è scelta tra i grandi gruppi che hanno migliaia di dipendenti. Di fatto, Muoversi funziona come una via di mezzo tra il Cral aziendale e società di consulenza come Accenture, che si occupano analiticamente di tutti gli aspetti del problema. «Abbiamo una quindicina di dipendenti dopo neanche 5 anni di attività – spiega Isenburg – e ci siamo orientati anche ai servizi di car pooling, che consistono nell'individuare e nel far dialogare tra loro le persone che per ragioni di lavoro si spostano ogni giorno sugli stessi percorsi. In tal modo possono utilizzare un'auto sola anziché due. I nostri servizi sono pagati dalle aziende sul modello della convenzione annuale e così registriamo un giro d'affari medio annuo intorno ai 3 milioni di euro con esperienze in numerose province di tutta Italia».

Muoversi è una realtà che potrebbe consentire anche linee di sviluppo in altre direzioni, come la specializzazione sull'osservazione dei flussi migratori dei pendolari, la razionalizzazione dei sistemi di trasporto, la ricerca di una migliore efficienza delle reti di viabilità: ma a questi argomenti per il momento i due soci non sono particolarmente interessati. «Piuttosto – dice Isenburg – stiamo cercando di inserirci nel segmento di ciò che viene definito comunemente welfare aziendale. Vogliamo prendere in mano la gestione di tutte le attività che le aziende offrono ai propri collaboratori: palestre, piscine, asili nido, assicurazioni, biglietteria di teatri e cinema, insomma tutto quello che è oggetto di convenzione tra l'azienda e fornitori esterni».

Insomma, Muoversi ha deciso di rendersi interprete dell'outsourcing dei servizi che comunemente venivano affidati al Circolo ricreativo aziendale, per dare alle imprese un servizio ampio abbattendone i costi fissi ma cercando di migliorare il rapporto con i dipendenti, che in un'azienda sono i primi clienti dalla cui soddisfazione dipende gran parte della produttività. «Per il futuro – conclude Isenburg – pensiamo di sviluppare un modello di lavoro e di servizio che tenga in considerazione le evoluzioni della società e la nascita dei gruppi che si collegano in rete. Fenomeni come Facebook e Twitter sono oggetto della nostra attenzione per capire quanto e come sarà possibile creare comunità di interessi che consentano di essere a loro volta soggetti di interessi, convenzioni, accordi. Dobbiamo guardare a questa dinamica sociale, oltre che seguire i trend evolutivi delle aziende che intendono mantenere stretti legami di qualità con i propri collaboratori. Mentre, per quanto riguarda la compagine societaria, siamo disponibili a valutare sia il possibile ingresso di nuovi partner finanziatori, sia la crescita per linee interne, perché il mercato ha ancora molto da dire e bisogna essere preparati all'appuntamento».

Anche l'abbigliamento diventa equo e solidale

In vetrina si trova un po' di tutto: capi d'abbigliamento di marca all'ultima moda, ma anche articoli di vestiario e accessori *vintage* o indumenti particolari realizzati da cooperative sociali come camicie, maglioni, sciarpe. Il nuovo negozio è Flo e si trova a Firenze, sul Lungarno Corsini, dove è stato aperto nel gennaio del 2011 da quattro amiche che ora sono anche socie nell'attività che lo gestisce. Maria Serena Asso, Cinzia Guido, Guia Michelagnoli ed Elisabetta Renzoni si sono associate perché condividevano l'idea di poter dare una opportunità di lavoro, oltre che a se stesse, anche a soggetti svantaggiati e posti ai margini della società. Ma puntare solo sulla vendita di prodotti delle cooperative non sarebbe stato vincente, per la ritrosia e i pregiudizi di una parte del pubblico. Da qui l'idea: presentare ai clienti un campionario vasto, dove i prodotti delle cooperative siano una parte della gamma diversificata dell'offerta. E così è partita l'esperienza, che oggi mette insieme alta moda, *vintage*, sostenibilità e integrazione, non escludendo nessuno dalla lista dei fornitori. Tra gli obiettivi prioritari c'è comunque l'offerta di qualità, perché in una città come Firenze, se non si hanno prodotti di un certo respiro potrebbe non essere facile allargare la clientela, che deve essere quanto mai varia.

Flo è un punto vendita dove si possono trovare tanto capi firmati da stilisti quanto oggetti realizzati con materiale riciclato o confezionato dalle cooperative, in un panorama di pacifica convivenza. Il modello di attività integra così gli aspetti commerciali legati al profitto e i propositi morali e culturali di integrare anche l'attività e la creatività di quel mondo che è stato definito "terzo settore" e che è rappresentato da una serie innumerevole di prodotti e servizi realizzati da attività cooperative e solidaristiche. Non può esistere un aspetto senza l'altro e, insieme, profitto e solidarietà possono aiutarsi vicendevolmente. «Anche Flo – spiegano le imprenditrici – è dal punto di vista giuridico una cooperativa sociale, per favorire la nascita e lo sviluppo di un mercato dove si possano impiegare direttamente persone delle categorie protette e per dare spazio all'offerta di prodotti manufatti provenienti da circuiti artigianali. Crediamo che aver avviato un'iniziativa di questo genere possa davvero rappresentare un'opportunità per molte realtà che intendiamo unire insieme».

Insomma, Flo è una sorta di attività aperta e composita, di stile e glamour, che punta al commercio equo e solidale, non applicato al settore alimentare come siamo abituati a osservare da tempo, ma al più sofisticato mondo dell'abbigliamento, dove gusto e offerta potrebbero essere difficili da coniugare se mancano visioni e obiettivi chiari. «Ogni capo che viene posto in vendita nel nostro negozio – precisano ancora le promotrici – è anzitutto scelto con criteri che tengono conto della solidarietà, oltre che della sostenibilità ambientale e del recupero». Anche il vestito di uno stilista – se accettato – deve rispondere a una serie di requisiti che tengano conto dell'aderenza ai valori che nel negozio si vogliono difendere e promuovere. Il punto di vendita fiorentino Flo si è dato una sorta di manuale di comportamento, una serie di linee guida per scegliere i fornitori, con cui si vuole condividere un progetto di vita e di supporto reciproco in funzione della sostenibilità, a tutti i livelli e non solo ambientale. Le relazioni commerciali puntano a integrare associazioni di volontariato, cooperative sociali e istituzioni culturali con le quali far lievitare un nuovo modello di vendita, economico e solidale al tempo stesso, nella consapevolezza che siano molti i clienti pronti a condividere questo intreccio. «Siamo appena partite – spiegano ancora le socie – ma abbiamo anche altri progetti, che non sono solo quelli di fare cassa. Con i soldi che ricaveremo dall'attività abbiamo in mente di aprire un piccolo laboratorio di sartoria per cominciare a fare anche qualche lavoro di riparazione e di adattamento dei vestiti per la clientela interessata». Nei propositi della cooperativa che gestisce Flo, i clienti che entreranno nel negozio saranno messi al corrente della "carica ideale" che anima l'iniziativa, perché non verranno considerati dal punto di vista del loro portafoglio e della loro disponibilità economica (anche se importanti, ovviamente), ma strategici nodi viventi di una rete che può crescere e fortificarsi attraverso la cultura, il dialogo, la condivisione di esperienza e solidarietà.

9. Mercati da esplorare

Una tendenza in atto tra le piccole e medie aziende riguarda la volontà di entrare a far parte di reti d'impresa. I network delle attività consentono di integrare e sviluppare competenze, aggredire nuovi mercati con massa critica più elevata, offrire capacità migliori e sinergiche, godere di più rispetto e di maggiori vantaggi nella richiesta di forniture grazie alla creazione di consorzi per l'acquisto di macchinari, energia, servizi. A questo fine è stato creato un Fondo di garanzia, attivato nell'autunno del 2009 per le regioni Lombardia ed Emilia-Romagna, che progressivamente dovrebbe allargarsi in tutte le altre regioni della Penisola. A Bologna, in particolare, è operativo da alcuni anni un progetto per cercare di collegare le piccole imprese con il mondo dei consulenti a partita IVA al fine di inserirli come manager delle reti stesse. Un'iniziativa che sposa le esigenze di lavoratori autonomi e di piccole imprese, soprattutto quelle artigiane, che non potrebbero permettersi di pagare direttamente a tempo pieno un progettista, un disegnatore o un direttore marketing. Ma inserite nella rete, le competenze professionali diventano punti di riferimento per diverse realtà imprenditoriali, a costi condivisi. Secondo diversi osservatori e analisti, lo sviluppo delle reti è la vera *exit strategy* per affrontare la crisi di alcuni distretti e di alcune aree del paese. Nessuno sa ancora indicare con precisione se questa sia una tendenza vera e percorribile o invece una speranza illusoria, ma varrebbe forse la pena di tentare tutto il possibile, sull'esempio di quanto già si realizza in alcuni consorzi territoriali come il Kilometro Rosso di Dalmine e il ComoNext a Como. A Padova è nato un progetto – sostenuto e finanziato da Fondimpresa e Fondirigenti – per creare una rete di competenze tra manager e piccole e medie imprese inizialmente in tre regioni: Veneto, Marche e Sicilia. Si tratta di un progetto pilota (al Nord, al Centro e al Sud) pensato per un possibile sviluppo su tutto il territorio nazionale.

A supporto di questa tendenza vengono in aiuto ancora una volta le nuove tecnologie, principalmente quella che è stata definita come Web 2.0, la quale consente la creazione di una rete di comunicazione integrata e avanzata dal punto di vista funzionale, con produzione e scambio di video, banche dati, documentazione di valore sia all'interno dell'azienda sia verso gli interlocutori esterni (clienti, fornitori, banche, consulenti, operatori). Il nuovo passo in avanti che l'applicazione di queste infrastrutture tecnologiche garantisce produrrà lo sviluppo di piattaforme di comunicazione "aperte", con l'avvio di attività dedicate. Per esempio – come già si avverte – si passerà dall'acquisto di soluzioni CMS (Content Manager System) di tipo proprietario e molto costose a servizi analoghi ma provenienti dall'ambiente cosiddetto open source (tipo Drupal o Wordpress), come ha già deciso di fare una serie di istituzioni tra cui la Casa Bianca. Le nuove imprese di servizio saranno quindi chiamate a offrire idee per la comunicazione su Web, anziché architetture di sistemi: prevarrà la funzione sul processo.

È possibile che venga a crearsi uno stato di turbolenza iniziale, perché molte software house, società di consulenza e di servizio dovranno ridefinire il loro modello di business. In questo scenario saranno avvantaggiate le visioni dei giovani e di coloro che accetteranno la flessibilità funzionale alla complessità dei sistemi. A ciò si aggiunga il cambiamento in atto – anche a livello di marketing e di analisi previsionali dei business – che sta inducendo lo sviluppo dei social network. L'esplosione comunicativa si registra a livello mondiale e le mode e la propensione all'acquisto sono ormai mondializzate. Così come i consumatori e gli utenti creano gruppi di acquisto e movimenti di opinione, anche le imprese dovranno avviarsi verso un piano di alleanze collaborative con altri competitor.

Tutto ciò è pane per i denti dei nuovi imprenditori dell'organizzazione aziendale e della promozione sociale, perché nel prossimo futuro, per cercare nuove opportunità di sviluppo, diventerà essenziale l'incontro tra l'impresa, l'innovazione, la cultura e la conoscenza, la comunicazione e la condivisione di ricerca e riflessione. Si svilupperanno modelli di relazione basati sul "pensare insieme", per effetto delle tecnologie, del mercato, dei cambiamenti sociali, dei gruppi d'opinione. A detta di molti economisti e sociologi, questa tendenza darà vita a nuove imprese e figure professionali che nasceranno "dal basso" e che non saranno calate dall'alto dei grandi gruppi. Il processo di de-standardizzazione dei modelli imprenditoriali creerà dinamismo concettuale e una crescita del terziario, anche nei distretti industriali tradizionali. I parchi scientifico-tecnologici, i poli per il trasferimento di know-how che stanno gemmando in tutto il paese sono i segnali più evidenti di questa tendenza in atto.

Un'impresa di giovani che si inquadra nel modello collaborativo è per esempio Cutaway, una srl costituita nel giugno del 2006 a Milano da Luca Tagliavia, laureato in Filosofia e con un master negli Stati Uniti in Organizzazione aziendale e tecnologie informatiche. All'età di trent'anni, dopo alcune esperienze in aziende italiane, Tagliavia decide di creare un'attività di supporto e di servizio ai gruppi industriali e commerciali basata su nuove procedure, molto più attente all'innovazione. Consulenza strategica, outsourcing di servizi, help desk remoto, promozione e sviluppo, oltre alla formazione: sono queste le aree dove Cutaway si muove, impiegando soprattutto Internet e sistemi di telecomunicazione evoluti. Milano e Roma le due sedi operative, con un distaccamento a Padova per fare un gioco di squadra a rete con le imprese del territorio.

Nell'ambito del lavoro professionale, alcune associazioni di categoria come l'UNDGC, l'Unione nazionale dei giovani dottori commercialisti ed esperti contabili, ha proposto di dare vita al progetto delle SLP, le società di lavoro professionale, dove la governance sia ancorata alle professionalità e non al capitale. Si tratta di un'idea innovativa in grado di superare il modello della società semplice, fino a oggi perseguito dai professionisti che si consorziano e che non sembra però essere conveniente sotto l'aspetto fiscale perché tiene separata la posizione della società e quella degli associati, non consentendo compensazioni a chiusura dell'esercizio.

Un altro aspetto da considerare è la "rigenerazione" d'impresa. Di fronte a mercati maturi, la possibilità di esplorazione non è da giocarsi all'esterno (per trovare nuova clientela) quanto piuttosto sulla capacità di modificare assetti e comportamenti esistenti. Così possono nascere nuove attività o si possono appunto rigenerare quelle tradizionali. Per fare un esempio in questo senso, basti citare la recente creazione a Milano di Differente, un'attività di intermediazione immobiliare creata da Gianluca Spina, che, sull'esempio di analoghi operatori anglosassoni, non chiede commissioni di agenzia alla parte acquisitrice: la provvigione viene versata dalla sola parte venditrice. «Bisogna spingere il mercato – precisa Spina – a definire il prezzo reale dell'immobile, in modo che non sia trattabile e che sia comprensivo di tutte le voci». La trasparenza della trattativa è il fattore di sviluppo di attività più snelle, veloci ed efficienti. Altri casi analoghi si possono ritrovare quando i dipendenti di un'impresa ne acquisiscono il controllo o quando si decide di avviare nuove realtà per ovviare all'obsolescenza dei vecchi stili.

C'è poi una ricca e segmentata sfera ideativa che coinvolge la ricerca e l'applicazione di nuovi materiali, in ogni ambito della vita umana. Nel campo automobilistico, Audi ha imposto a tutta la rete di fornitori la consegna di componenti e pezzi "alleggeriti" del 35% al fine di ottenere auto – del tipo city car – più leggere e dal minor consumo, per ben adattarsi al traffico e alle esigenze delle grandi città. La filiera dei fornitori è alla ricerca di nuovi materiali, dall'alluminio alle leghe superleggere, per soddisfare la richiesta della casa automobilistica. In questo processo di ricerca innovativa sono coinvolte molte imprese italiane, dalla Brembo di Bergamo, che produce sistemi frenanti, alla Brugola di Lissone, che realizza viti per motori. Anche nel campo dell'arredamento la ricerca e l'utilizzo di nuovi materiali sono all'ordine del giorno e c'è chi, di questa tendenza, ha fatto il proprio business principale. È il caso della Midj di Cordovado, in provincia di Pordenone, che produce arredamento e corredi. Fondata nel 1987 da Paolo Vernier, l'azienda ha da sempre puntato sull'impiego di metalli, plastiche, metacrilati, cuoio e pelle, per ottenere una miscela creativa di forma e materia dal gusto avveniristico, ma al passo con i tempi. I tavoli e le sedie che escono dai capannoni dell'azienda non sono affatto abitudinari e tra le novità si annoverano anche culle in materiale plastico antiurto, a testimonianza della volontà di giocare su fronti sempre più avanzati.

Nel settore della moda non è difficile incontrare chi vuole coniugare design e stravaganza. La società Illusione Ottica, una srl di Dosson di Casier, nel Trevigiano, realizza occhiali con una spiccata teatralità e appariscenza. In catalogo vengono presentate sì alcune linee classiche, destinate a un pubblico tradizionale, ma una sua nuova linea, definita "maschere", punta decisamente sullo stile intrigante. In particolare un modello di questa collezione, fabbricato in pizzo, ha fatto breccia nel mercato giapponese, dove ha ricevuto un premio e ampi consensi. Altri modelli hanno la montatura leopardata o forme pittoresche per serate fastose. Per tutte le linee vengono comunque utilizzati materiali innovativi, come titanio, leghe, acetato. Ma non si disdegna l'utilizzo di accessori in cristallo Swarovski, gomma e legno, per aggiungere sfumature di carattere all'originalità dell'offerta.

Imitare i migliori per essere tra i primi

Il mondo economico-finanziario e la sfera del risparmio sono stati falcidiati nel corso dell'ultimo decennio da una serie di crisi che hanno imposto riflessioni profonde e mutamento di atteggiamenti. La ricerca di corrette informazioni è fondamentale per comprendere e interpretare le tendenze dei cicli. Al fine di seguire e sviluppare questo filone professionale, una decina di anni fa il responsabile di area di una rete di promotori finanziari, Paolo Crociato, decise di togliersi la casacca di un importante istituto di credito per mettersi in proprio e offrire un servizio di informazione finanziaria e di consulenza agli investimenti per privati cittadini e istituzioni. E così a Trieste, città dove vive stabilmente, nel 2001 ha aperto una ditta individuale specializzata nei servizi di informazione e analisi finanziaria, che ora si avvale di un gruppo di sei collaboratori, con lo scopo di promuovere una conoscenza autonoma e indipendente dei mercati globali e dei prodotti di investimento. «A quel tempo – ricorda Crociato, la cui età oggi si aggira sulla cinquantina – fu siglato contestualmente un accordo con la società britannica London Market Research per dare un supporto decisionale alle scelte di investimento degli operatori italiani. In finanza non si può inventare nulla di nuovo e chi lo fa moltiplica i rischi. Per questo si devono guardare esclusivamente i fondamentali, che sono i dati contabili delle società quotate, e poi osservare da vicino quali scelte adottano i grandi investitori che nel corso degli anni hanno dimostrato di seguire strade sicure e non avventate».

Muovendo da queste considerazioni, nel 2005 Crociato ha aperto un sito con libero accesso (*strategyinvestor.com*) per seguire e interpretare gli andamenti degli investimenti di personaggi del calibro di George Soros, Warren Buffett, Jim Rogers, Peter Lynch e altri, in tutto 25 cervelli di tutto rilievo tra guru, analisti e investitori, che hanno messo a frutto significativi incrementi di valore nei loro investimenti. «Le attività di questi uomini – approfondisce Crociato – sono regolarmente tracciate e commentate per comprendere le ragioni delle loro scelte, con valutazioni che sono tecniche e non sentimentali. Bisogna sempre imparare dai migliori». Ogni settimana, il team di strategyinvestor.com analizza i trend dell'economia mondiale, studia i settori emergenti e i comparti produttivi in crescita, ma soprattutto segue le orme di quel gruppo di investitori per imitarne la strategia e per saggiarne, sul campo, le capacità. «Ogni sette giorni – chiarisce ancora il titolare del sito – pubblichiamo un report aggiornato dove indichiamo quali sono stati gli andamenti dei fondi d'investimento dei più importanti investitori finanziari, li compariamo e li analizziamo nei dettagli, per offrire ai lettori uno strumento di valutazione indipendente, basato sullo stile e sulla disciplina professionale, senza rispondere a logiche padronali, perché non c'è nessuna banca o istituzione dietro di noi che paga, ma solo il nostro pensiero, che è chiamato a vivere e a confrontarsi con il mercato».

Sulla piattaforma di informazioni, che giungono da fonti qualificate estere e che costituiscono il primo servizio di base, completamente gratuito, Crociato ha creato un pilastro più orientato alla consulenza, nel senso che propone agli investitori una serie di analisi finanziarie più accurate sui singoli titoli azionari, sulla base delle quali si migliorano le conoscenze di coloro che vogliono investire liquidità e risparmi sui mercati mobiliari. «Chi vuole procedere nel percorso degli investimenti azionari – sottolinea Crociato – può farlo attraverso la formula dell'abbonamento a pagamento. In questo caso esistono due possibilità, in funzione di decisioni che riguardano investimenti tradizionali oppure formule per il trading avanzato». La preparazione dei report e dei servizi viene eseguita internamente dalla struttura che Crociato coordina, ma la loro spedizione, che avviene solo ed esclusivamente via mail, è stata affidata a una società accreditata presso il mondo degli ISP (Internet Service Provider) perché sia assicurata una consegna senza intoppi a tutti i lettori. Gli abbonati al servizio di informazione gratuito – cioè registrati – sono circa 23.000 e di questi circa un decimo è anche abbonato alle sezioni a pagamento. «Abbiamo attraversato indenni due grandi crisi epocali – conclude Crociato – quella del 2001, quando i mercati sono stati annichiliti dall'abbattimento delle Torri Gemelle, e quella del biennio 2008-2009, scoppiata a seguito della recessione legata ai mutui *subprime*. Per il futuro non possiamo pensare diversamente da ciò che rappresenta la nostra identità, anche se guardiamo con grande interesse alle nuove tecnologie e alle nuove soluzioni come Twitter, per esempio, perché si possano fornire brevi informazioni importanti e strategiche agli abbonati, che chiedono un servizio indipendente, puntuale, aggiornato».

Il diritto di famiglia trova il consorzio

Esperienza, ma anche forze giovani in campo. Competenze diverse che si sono associate per occuparsi di diritto di famiglia. Un modo per andare in controtendenza rispetto alla crisi, ma anche fornire un approccio alla materia a tutto campo. Civilisti, penalisti, psicologi, commercialisti e mediatori familiari hanno dato vita a Roma sul finire del 2008 al Family Law Consortium. Gli associati promotori dell'iniziativa sono venti. «Ognuno di noi – spiega uno dei fondatori, l'avvocato Giorgio Vaccaro – ha mantenuto il proprio studio personale e in più, aderendo a Consortium, ha dato vita a uno studio professionale dotato di autonoma partita IVA che copre gli incarichi che vengono acquisiti direttamente dalla sede». Alla cura degli aspetti penalistici sono stati chiamati legali fra i 35 e i 40 anni. I primi risultati sembrano dar ragione alla scelta di affrontare la difficile congiuntura facendo fronte comune: «In un anno – aggiunge Vaccaro – abbiamo già coperto le spese di avviamento e quelle ordinarie di gestione, segreteria e utenze». La prossima sfida all'ordine del giorno è quella di varcare i confini nazionali per cercare di ampliare le opportunità di lavoro (tratto da G. Parente, "Il diritto di famiglia trova il consorzio", *Il Sole 24 Ore*, 30 novembre 2009).

La rigenerazione delle fate d'impresa

Esistono ancora casi emblematici dove, è proprio il caso di dirlo, l'unione fa la forza. O almeno consente di sopravvivere con dignità e di guardare al futuro con una speranza più grande. È questo l'insegnamento che si può trarre da un'esperienza imprenditoriale in uno dei settori tradizionali del Made in Italy, quello tessile, dove un'azienda "rigenerata" si pone ora alla ricerca di nuovi interlocutori, dovendo ripartire da zero, ma con l'ambizione di esplorare necessariamente nuova clientela. Nell'estate del 2009 erano stati colpiti dal licenziamento: la camiceria Lorenzini di Nembro, nel bergamasco, aveva chiuso i battenti a seguito della crisi, mandando a casa i 66 dipendenti. Una parte di loro, però – circa una quindicina di persone, in netta maggioranza donne –, non si è data per vinta. Questi dipendenti, che erano anche padri e madri di famiglia, volevano continuare a lavorare, non tanto e non solo per necessità, ma anche perché credevano molto in ciò che avevano fatto fino ad allora e che avrebbero continuato a fare non appena se ne fosse presentata loro la possibilità. Discutendo, parlando e analizzando ogni possibile alternativa, a un certo punto presero una decisione che all'inizio sembrava azzardata: riprendersi la fabbrica che li aveva espulsi. E così, insieme, hanno dato vita a un nuovo progetto per sconfiggere la solitudine e l'assenza di lavoro: dopo giorni di studio, riflessioni e ripensamenti, hanno avviato le consultazioni con legali e commercialisti della zona e raccolto i loro risparmi, che sono andati a costituire un piccolo capitale. E dal giorno 17 novembre del 2009 hanno fatto partire una società a responsabilità limitata, la Filo di Fate, specializzata nella produzione di camicie da uomo e da donna, pigiami e vestaglie. In sostanza, la stessa identica gamma di prodotti che già sapevano realizzare con competenza.

La sede della nuova società è stata individuata negli stessi capannoni dell'ex camiceria Lorenzini. La Filo di Fate aveva infatti ottenuto la possibilità di rilevare struttura e impianti in cambio di forniture alla Lorenzini di Merate, in provincia di Lecco, l'altra unità produttiva che era invece sopravvissuta alla crisi e ai tagli all'occupazione e agli investimenti. Un gruppo di contabili ed esperti esterni aveva seguito da vicino tutti i passaggi per conto del gruppo, che aveva deciso di riprendere in un'ottica di recupero e di rilancio delle competenze.

Il primo obiettivo della nuova società era stato così raggiunto: dare vita a un'attività conto terzi puntando su un primo grande cliente per poi allargarsi ad altre dinamiche di offerta, sia sul mercato interno sia su quello internazionale. Con un altro marchio o, meglio ancora, con il proprio. «Prima abbiamo cercato di farci conoscere sul mercato fornendo prodotti a realtà conosciute – precisa Massimo Pomari, ex dipendente della camiceria Lorenzini e oggi amministratore della Filo di Fate – ma il nostro prossimo traguardo è quello di arrivare a realizzare camicie con il nostro marchio da commercializzare di conseguenza». La produzione a pieno ritmo della neocostituita società può arrivare sui 20.000 capi all'anno con gli attuali impianti rilevati dalla Lorenzini, ma, in caso di ulteriore salto organizzativo, grazie all'adozione di innovazioni tecnologiche potrebbe sfiorare i 25.000 pezzi. Solo una linea produttiva è attualmente computerizzata e in caso di buone riuscite commerciali se ne potrebbe implementare una seconda. Sono, queste, dimensioni importanti e di tutto riguardo, ma ancora lontane dai precedenti volumi, quando la produzione viaggiava su numeri doppi, se non addirittura superiori. Ma quelli erano altri tempi e nella nuova fase economica – sono convinti alla Filo di Fate – sono richiesti maggiori interventi sulla qualità della manifattura, perché per quanto riguarda la quantità già esistono competitori asiatici che appaiono forti ed esuberanti. Tuttavia esisteranno sempre clienti più esigenti e sensibili a una fattura particolare, quella che solo le "mani di fata" sanno evidentemente realizzare. A costo di testimoniarlo con le proprie risorse e fino in fondo.

Video-enciclopedia per mecenati digitali

C'è un esempio di nuova attività che per le sue caratteristiche è in grado di integrare tra loro diversi aspetti, come l'innovazione tecnologica, la capacità di rigenerare idee precedenti, l'applicazione di nuove tecnologie di marketing e soprattutto la voglia di esplorare il mercato della cultura con un approccio visivo a tutto tondo. È l'esperienza di Ovo.com, che si può definire come la prima video-enciclopedia con aggiornamenti online. L'idea dell'impresa è venuta ad Andrea Pezzi, un volto noto della televisione e dello spettacolo, che sulla sua strada ha trovato partner come la Treccani, insieme a Corbis, Infront e Flippermusic, per reimpiantare e sviluppare Ovo.com, un sito nato nel 2006. Nel corso del 2009, per alterne vicende, era stata posta in liquidazione la società che lo gestiva (Ovo srl in partecipazione con Aegis Media), ma il progetto è piaciuto a nuovi partner ed è stato rilevato per potenziarne la presenza e le applicazioni sul mercato. Così, nel dicembre del 2010 è nata Ovo Italia, una società a responsabilità limitata con sede a Milano, per realizzare una video-enciclopedia con servizi correlati.

La sezione centrale del sito è costituita da un apparato informativo che in prospettiva verrà arricchito di nuovi contenuti. Attraverso il sito di Ovo.com si può accedere a migliaia di voci, il cui testo base è costituito dai brani contenuti nella stessa Enciclopedia Treccani, ma integrati in un documentario visivo della durata di tre minuti. In termini pratici, l'utente sceglie l'argomento di riferimento tra grandi categorie come lo sport, la scienza, l'economia, la politica, la storia, la medicina. Si selezionano le informazioni ricercate e si visionano i video correlati. Il sistema presenta in automatico sulla stessa pagina altre notizie e informazioni correlate, in modo che il navigatore possa effettuare esplorazioni e ricerche personalizzate, in tutta autonomia. Ma questa è solo l'offerta base, anche se monumentale, che viene arricchita di servizi correlati in grado di attirare anche l'attenzione delle imprese e degli investitori pubblicitari. Per Andrea Pezzi, «il progetto è un *content planning* che punta a organizzare i contenuti non solo dei media e delle istituzioni culturali».

Obiettivo sono anche quelle imprese che si vogliono presentare con una propria identità e strategia sulle piattaforme multimediali, tenendo conto che a fianco del valore informativo ce n'è anche uno di tipo commerciale. L'idea si presta alle campagne di sponsorizzazione da parte di imprese che vogliono legare il nome e il marchio a un evento, a una circolazione di video e di progetti culturali, ma anche sportivi e di spettacolo. Il fondatore di Ovo.com, anche grazie alla precedente esperienza, non esclude che infatti si possa procedere lungo le linee di ciò che nel marketing è stato definito come *affinity topic advertising*: sul sito si trovano i marchi degli sponsor, cliccando i quali si accede a siti informativi di tipo istituzionale e commerciale, con una ridondanza di contatti verso altri siti, blog, riviste e giornali online. L'utente può fruire di una serie di servizi correlati, passare all'acquisto di prodotti, di libri, di compact disc, di filmati e di altro ancora, a testimonianza che l'informazione e l'e-commerce si sposano e si integrano, come del resto avviene sulle pagine dei media cartacei, che in un certo senso vengono così replicati.

Ma la novità più consistente risiede nello stesso concetto di "mecenatismo digitale" su cui Pezzi e il suo gruppo hanno deciso di puntare. Siccome il sito vuole collocarsi nel segmento dei siti di informazione e di cultura, le aziende che decideranno di parteciparvi e di sostenerlo diventeranno di fatto promotrici di iniziative istituzionali e culturali, come accadeva nella civiltà rinascimentale dove, appunto, i signori e i nobili che detenevano le risorse finanziavano l'arte e la cultura. Dal punto di vista pratico, il "mecenate digitale" avrà il vantaggio della visibilità e della reputazione, perché il marchio e il nome della società sponsorizzatrice saranno presenti in tutti i video delle attività che essa ha deciso di programmare e sostenere. Ovviamente l'équipe di Ovo.com è all'opera per studiare anche le future applicazioni che saranno fatte migrare sulle piattaforme dei cellulari e dei tablet, in vista di un mercato dove l'informazione e l'advertising evoluto saranno sempre più integrati e mobili. A ciò si aggiunga che i nuovi programmi di accesso e di controllo alle reti e ai siti tengono conto dei contatti, e quindi ogni società cliente del servizio sarà in grado di avere il conteggio, se non addirittura il profilo, degli utenti che accederanno alla visione delle pagine e dei video da loro sponsorizzati.

10. Originalità e creatività

Molte attività imprenditoriali dipendono dal numero e dalla qualità dei brevetti che il paese è in grado di generare. La massiccia diffusione delle microimprese (spesso sottocapitalizzate e con scarse capacità di investimenti in ricerca), gli effetti di una crisi dalla doppia faccia – economica, per lo scoppio della bolla dei mutui *subprime*, e di lungo periodo, per il cambiamento di un ciclo – hanno in parte sgonfiato la generosità creativa di precedenti periodi. Lo testimoniano i dati dello European Patent Office, l'istituzione comunitaria che ogni anno raccoglie dai paesi membri i brevetti industriali degni di un riconoscimento collettivo e non solo nazionale. Nel 2010 gli italiani hanno presentato all'Europa circa 2300 brevetti, contro i 3800 dell'anno precedente: un calo consistente, che deve far pensare alla necessità di rilanciare il ruolo della ricerca e il peso dei finanziamenti che a essa sono legati per una buona crescita economica. Sia detto per inciso, nel 2010 i tedeschi hanno presentato in Europa oltre 25.000 brevetti, i francesi 9000, olandesi e tedeschi circa 6000. Il numero dei brevetti italiani che invece resta nell'ambito nazionale è costante da alcuni anni, poco sotto le 10.000

unità, come confermato dall'UIBM, l'Ufficio italiano brevetti e marchi. Nel merito, a giudicare dal tipo di brevetti presentati agli uffici di competenza, nazionali ed europei, gli imprenditori italiani risultano più innovatori nei settori tradizionali quali la meccanica industriale e in misura minore in comparti più avanzati ad alto valore aggiunto, come le biotecnologie. Eppure non mancano importanti innovatori tra le fila dei connazionali (oltre a Federico Faggin che molti anni fa produsse il primo microchip): si pensi a Leonardo Chiariglione, l'ideatore dell'Mp3 e del formato standard Mpeg, o a Benedetto Vigna, il ricercatore che ha inventato il sensore che permette alla console Nintendo Wii di funzionare con rappresentazioni tridimensionali, mentre a Catia Bastioli si deve il brevetto dei sacchetti di origine vegetale completamente biodegradabili. Difficilmente gli inventori riescono ad avviare una loro impresa (mediamente accade in Italia in misura non superiore al 30% dei brevetti presentati, dunque sono circa 3000 i progetti e le soluzioni innovative prodotte da ideatori che poi decidono di avviare un'attività in proprio; il resto dei brevetti, il 70% circa, appartiene ad aziende, laboratori, strutture di ricerca su cui ricade il frutto dell'ingegno). In genere molti inventori si pongono sul mercato con progetti di start up per cercare di attirare l'attenzione degli investitori, che sono a loro volta costantemente alla ricerca di idee da sviluppare o potenziare.

In particolare, da qualche tempo esiste anche un sito, *kickstarter.com*, dove i singoli inventori – o anche più semplicemente coloro che hanno un'idea originale e vogliono mettersi alla prova – possono indicare il tipo di progetto che vorrebbero far partire e la quantità di risorse di cui necessitano. Chi presenta la sua idea è tenuto a iscriversi al sito, motivando la scelta e fornendo i propri dati. Ciò garantisce sia la tutela della proprietà intellettuale del progetto, sia l'indicazione precisa del profilo delle persone e delle istituzioni con cui si vuole entrare in contatto, per evitare di perdere tempo con soggetti privi di interessi definiti. Se entro un certo tempo prefissato l'inventore raccoglie sostegno finanziario, in modo che il budget sia coperto, l'attività può essere avviata (corrispondendo una percentuale a Kickstarter), diversamente l'idea viene cestinata per far posto ad altre.

Anche se il quadro complessivo mostra una certa contrazione della capacità brevettuale, lo spirito italiano – lo sappiamo – è da sempre votato all'esplorazione e all'invenzione. Dunque non c'è da dubitare: l'arte e la scienza sono nel nostro patrimonio genetico e basta lasciarlo parlare per trovare ispirazione. Sono molti i privati cittadini che hanno presentato idee e brevetti interessanti, con buone potenzialità di riscontro. Uno di questi è, per esempio, il progetto di Mauro Mondini, un tecnico bresciano, che ha realizzato un complesso meccanismo per poter ricavare energia elettrica dalle onde del mare, un settore delle rinnovabili su cui si concentrano anche gli sforzi di vari laboratori e centri di ricerca. La macchina Onde-Mare di Mondini è basata su cinque elementi: un galleggiante, due ruote con cuscinetti a sfera, catene, contrappesi e un generatore elettrico. Il sistema per convertire in energia elettrica il moto ondoso del mare, anche debole, parte da un sistema di cuscinetti a sfera unidirezionali con ingranaggi che, collegati a un galleggiante mediante catene come quelle della bicicletta e bilanciati da due contrappesi, fanno sì che il galleggiante, nella sua fase ascendente e discendente, faccia girare un cardano sempre in un'unica direzione. «Il movimento rotatorio unidirezionale del cardano – come spiega lo stesso Mauro Mondini – è causato dall'uguale posizione delle quattro ruote a sfera sull'asse del cardano stesso e dal collegamento del galleggiante alle due ruote a sfera centrali mediante due catene. La prima catena partirà dal galleggiante e arriverà alla ruota a sfera avvolgendola da destra e terminando con un contrappeso a fine lunghezza. L'altra catena partirà sempre dal galleggiante e avvolgerà la ruota a sfera da sinistra e terminerà, a fine lunghezza, anch'essa con un altro contrappeso». A questo punto, l'avvolgimento delle catene sulle ruote in senso inverso, destra e sinistra, provoca un movimento unidirezionale del cardano che ruoterà continuamente sia nella fase ascendente del galleggiante sia in quella discendente, facendo sì che la forza dell'onda sia sfruttata al cento per cento. «In pratica – asserisce Mondini – quando il galleggiante è in fase ascendente sarà il contrappeso del cuscinetto "A" a imprimere rotazione al cardano, mentre il cuscinetto "B" girerà a vuoto. Quando il galleggiante è in fase discendente sarà lo stesso galleggiante del cuscinetto "B" a imprimere rotazione al cardano, mentre il cuscinetto "A" girerà a vuoto». L'oscillazione del galleggiante si traduce così in un movimento rotatorio continuo che si completa con la produzione di corrente elettrica grazie a un generatore. Dimensionandolo opportunamente e ottimizzando una rete di galleggianti si potrebbe arrivare a realizzare impianti della potenza di circa 1 megawatt, sufficienti a dare corrente a 2000 abitazioni.

Vincenzo Fittipaldi, invece, è un ingegnere che ha brevettato un modello di bicicletta elettrica. Cugino del famoso pilota di Formula 1, vive e lavora a Solaro, nella provincia di Milano, dove ha avviato un'attività in proprio con il marchio Dinamotor. Le sue biciclette pieghevoli e leggere sfruttano i principi della dinamo combinati a quelli di un motore elettrico, garantendo la continuità di ricarica grazie alla presenza di alcune batterie che si ricaricano nel momento in cui si registrano variazioni di velocità: anche le decelerazioni e le frenate possono essere utili a questo fine. Lo stesso principio è ora utilizzato nelle autovetture ibride, ma Fittipaldi aveva cominciato a sfruttarlo già dalla fine degli anni Ottanta, quando aveva realizzato i primi modelli di bicicletta elettrica. Il suo mercato è a carattere locale, perché costruisce le sue due ruote in maniera artigianale, assemblando parti come il telaio e le ruote che gli giungono da aziende esterne, con il suo innovativo e compatto sistema a dinamotore. Diversi i contratti commerciali che Fittipaldi ha stipulato con alcune amministrazioni locali della zona per dotare vigili e messi comunali di biciclette a motore elettrico, non inquinanti e a impatto zero.

Come si può vedere, la voglia di avere idee non manca e molti giovani sono pronti a scommettere sulle proprie capacità. La prima mossa è saper individuare le innovazioni tecnologiche in grado di costituire un asse produttivo. Quindi, che lo si voglia o no, non bisogna mai smettere di sognare. L'immaginazione si nutre di speranze, di ambizioni e di visioni. L'importante è non fantasticare a vuoto e vagabondare tra idee bislacche: comunque sia, bisogna saper tenere i piedi per terra. Ed è comunque necessario procedere lungo una traiettoria che sappia coniugare la razionalità del presente con la capacità di intravedere il futuro. In questo senso si comprende quanto sia utile la prospettiva di una "formazione permanente", per unire il fiuto delle tendenze di mercato allo sviluppo delle competenze e della creatività individuali. Master e corsi di specializzazione possono essere interessanti per accrescere sensibilità e conoscenze, che sono carburante per l'immaginazione. Nel presente convivono tendenze contrapposte: da una parte declinano e muoiono idee e attività del passato che non hanno più ragioni per esistere, dall'altra si ritrovano germi di attività che anticipano il futuro. È dalla valutazione di questi nuclei tematici che si possono comprendere le capacità, gli sforzi e la passione di alcuni imprenditori che hanno saputo generare impresa dalla loro estrema originalità, segno che esistono figure al di fuori di ogni possibile schema preconcetto e che l'impresa non è una ricetta ma un'arte.

Un imprenditore dalla mente agile

Citare e commentare casi di rigidità mentale dell'imprenditore sarebbe abbastanza facile e scontato. Basta guardarsi intorno per trovare molti esempi. Questa che si propone è invece la storia – per contrasto – di un imprenditore dalla mente agile e non intralciata da pregiudizi. È la vita di Horacio Pagani, il produttore dell'auto di lusso Zonda dell'omonima azienda fondata a San Cesario sul Panaro, nel modenese.

Già da bambino, Horacio, figlio di un panettiere italiano emigrato in Argentina, si mette a creare automobiline con la balsa e un coltellino. Da grande vorrebbe fare il costruttore di quattro ruote. Coltiva il suo sogno in segreto, perché il genitore lo vorrebbe istruito e affaccendato in ben altre missioni. Ma lui continua a sognare, a inventare, a costruire. Di giorno gira con la fionda dei monelli ma in segreto la sua mente esplora mondi di lamiere e motori. Non studia, non riesce a diventare ingegnere, ma la sua vita è tutta ingegnosa. A quindici anni ha già costruito una bicicletta e una moto. Tra i diciassette e i diciott'anni si lancia nella preparazione di un'auto sportiva e da quel nucleo di idee nasce poi un modello che realizza intorno ai 21 anni e che porta in pista con motore Renault. È l'epoca in cui di giorno si dedica a vari lavori, perché la sua vita è nata con i piedi nella polvere della terra e il gusto dell'umiltà gli è rimasto ancor oggi. In Argentina, sua terra natale, ha fatto il fornaio con il padre, poi il lattoniere, il meccanico, il carrozziere. Ammette di aver lavorato anche come lavapiatti e come domestico. Ma tutti i soldi – ricorda – erano guadagnati onestamente. I soldi erano il carbone per la locomotiva del suo cervello, strumenti per progettare altre cose, altri modelli.

Intanto l'immaginazione lo faceva correre verso l'Italia, dove approda con sua moglie negli anni Ottanta. Dorme in campeggio, cerca lavoro. Dopo un periodo di prova viene accolto in Lamborghini e comincia dai livelli più bassi. Da allora una crescita inarrestabile che lo porta alla direzione progettuale, alla rivisitazione o alla progettazione *ex novo* di alcuni importanti modelli della casa bolognese (tra cui Diablo e Gallardo). Nel 1992 Horacio ha un progetto tra le mani: pensa di puntare all'utilizzo di nuovi materiali (fibra di carbonio, leghe speciali) per dare vita a una supersportiva di lusso. Tra tentennamenti e crisi di mercato la società in cui lavora gli chiede di prendere tempo. Lui è testardo e volitivo:

decide di acquistare in proprio – e di installare nell'azienda che lo fa lavorare, la Lamborghini – un'autoclave e comincia a dare vita ai suoi progetti. Che realizza di notte, nel tempo libero, con i soldi che guadagna di giorno. Come ha sempre fatto, da quando era giovane, da quando era con i piedi nella terra. Le vicende della storia uniscono e separano. Agli inizi degli anni Novanta Horacio vive la sua più alta fase creativa. Il mercato è invece in una fase di contrazione. Forse in Lamborghini non c'è più posto per il suo progetto. Lui ha uno stipendio da favola, una moglie, due figli. Che avreste fatto voi? Lui sceglie ancora una volta il contrario del banale.

Apre un'azienda in proprio partendo da quell'autoclave che aveva comprato con i suoi soldi per conto di quell'altra azienda che gli aveva dato lavoro e pane. E si mette a costruire i suoi sogni di bambino mai cresciuto con una grazia e una perfezione da brivido, con materiali del futuro e un'eleganza senza tempo. Il motore è Mercedes, una casa che gli dà fiducia ancora oggi. Produce le Zonda e altre auto che costano oltre un milione di euro. Ha prenotazioni certe per i prossimi dieci anni. Non realizza più di 7-8 macchine all'anno, una ogni due mesi circa. Certo, ha fatto molti soldi e si è comprato case e terreni. Sta facendo studiare un figlio all'università mentre l'altro è già con lui in azienda, con la tuta e i guanti. Nei momenti difficili – ha ammesso Horacio – i soldi risparmiati vanno tutti nel capannone. Come sempre, ci è abituato. Dice tutto ciò con la serenità di un uomo che non ha mai inseguito il bottino e che pure ha fatto una fortuna invidiabile.

Ancor oggi, alla Pagani Automobili la sera c'è una luce accesa, nel retro del capannone. Di giorno si lavora e si guadagna, di notte si dà corpo ai sogni. «Perché – come dice Horacio

Pagani, insonne – alle quattro di notte esco ad ascoltare i rumori e i sussurri della vita. Quei bisbigli sono le idee del futuro. Gli altri dormono e io sono lì, da solo, per prenderle tutte».

L'ingegnere creativo

«L'ingegneria deve diventare creativa. Il profilo del professionista capace di manovrare i numeri, applicando calcoli da manuale per far stare in piedi le strutture non ha futuro. È un tipo di ingegneria con valore aggiunto ormai prossimo allo zero. Sia a causa di processi informatici, sia per quello che sta accadendo in paesi quali la Cina, che nei prossimi dieci anni sarà capace di laureare un numero di professionisti dieci volte superiore a quello degli Stati Uniti». Uno scenario noto a Carlo Ratti, 38 anni, laureato in Ingegneria al Politecnico di Torino, una preparazione arricchita da esperienze a Parigi e Cambridge con specializzazione in architettura e informatica, già docente al MIT di Boston per lo studio sui paradigmi delle città del futuro. Globetrotter della professione con studio a Torino (Carlorattiassociati, aperto con Walter Nicolino), ha ottenuto importanti riconoscimenti a livello internazionale. Il suo Digital Water Pavillion, il padiglione con pareti d'acqua che ha attirato gli sguardi dei visitatori dell'ultima Expo a Saragozza, è stato inserito dal settimanale *Time* nella classifica delle migliori innovazioni del 2008. Al summit di Copenhagen sul clima del dicembre 2009 ha presentato il prototipo – messo a punto con Ducati Energia e il ministero dell'Ambiente – di una ruota dotata di un piccolo motore elettrico adattabile a qualsiasi bicicletta.

A Londra, Ratti figura nella *short list* dei progettisti invitati dal sindaco Boris Johnson a disegnare un edificio simbolo delle Olimpiadi del 2012. L'idea è quella di costruire una nuvola dinamica, una struttura gonfiabile luminosa in cima a una torre a spirale, alimentata da cellule fotovoltaiche e dallo sforzo fisico dei visitatori che sceglieranno di usare le scale invece dell'ascensore. «L'ambizione di ogni progettista – dice Ratti – è sempre stata quella di costruire edifici "vivi". Oggi tutto questo è possibile grazie alla tecnologia digitale e al biotech» (da P. Pierotti e M. Salerno, "L'ingegnere globetrotter non per calcolo ma per fantasia", *Il Sole 24 Ore*, 2 dicembre 2009).

Il coraggio di remare sempre

Sulle sponde del Naviglio Grande, a Milano, esistono due associazioni sportive di canottieri che in un certo senso hanno fatto la storia e contrassegnato la vita agonistica del dopoguerra, la Canottieri Milano e la Canottieri Olona. Ognuno di questi due centri sportivi dispone di palestre, piscine e attrezzature per la pratica di diversi sport, tra cui il canottaggio, la pallanuoto, i tuffi e il nuoto. Con due realtà storiche così importanti, qualcuno avrebbe definito il mercato "saturo". Ma lui, Sergio Passetti, un passato da campione sportivo, da poco superata la cinquantina, aveva un sogno e lo ha realizzato. Non si è dato per vinto e ha dato vita alla terza Canottieri, la San Cristoforo, a poche centinaia di metri dalle altre due: ha costituito una società e ha preso un'area dismessa rimettendola a nuovo per realizzare un centro sportivo. La particolarità è che da questa idea ne sono gemmate altre, che convivono con la prima e la rafforzano. Nel giro di poco tempo ha raccolto numerose iscrizioni e ha aperto un ristorante dove si coniuga la dieta al gusto. A ben guardare, i dati sulla carta avrebbero fatto pensare a un'esperienza difficile, se non addirittura disperata. Ma la realtà è un'altra storia e la società procede spedita nella sua nicchia profittevole. «Abbiamo stipulato un accordo con il Centro universitario studentesco per creare un punto di formazione e allenamento sportivo e competitivo – precisa Passetti – e quindi possiamo pensare di diventare un centro di riferimento per le federazioni di categoria come il canottaggio e la canoa».

La Canottieri San Cristoforo dispone di ampie sale con attrezzature per la ginnastica: le palestre sono disponibili tanto per i giovani che praticano attività agonistica quanto per simpatizzanti, appassionati e iscritti al centro, che vogliono praticare attività fisica in un contesto associativo, quasi familiare. «Vogliamo diventare un piccolo polo di aggregazione anche per le famiglie – sottolinea Passetti – e per tutte quelle persone che, prima o dopo il lavoro, ma anche nella pausa pranzo, possono venire da noi, fare attività sportive e poi sedersi a un tavolo dove gustare specialità gastronomiche rigorosamente Made in Italy. I prodotti che serviamo al tavolo vengono acquistati direttamente da produttori agricoli di qualità che conosciamo di persona e preparati secondo le ricette tradizionali della cucina italiana».

Coniugare sport, tempo libero, cucina e intrattenimento: la formula individuata dall'imprenditore over 50 rappresenta la punta avanzata di un terziario urbano che vuole intensificare e intrecciare le esperienze in un'unica realtà, dove a prevalere siano lo spirito associativo e il senso dell'appartenenza a un club, con tanto di richiami simbolici rappresentati su indumenti come felpe e t-shirt. C'è un abbigliamento ufficiale per gli iscritti alla Canottieri San Cristoforo: tute, felpe, giacche e pantaloni hanno design e colori originali che caratterizzano il vestiario, dotato di un marchio per identificare l'appartenenza e sancire così, contestualmente, la distinzione rispetto alle altre due associazioni sportive situate a breve distanza, con le quali è inevitabile porsi in concorrenza. Questa esperienza – che non è nuova, ma che viene resa sistema per ricavarsi una posizione in una nicchia profittevole per le sue potenzialità – si colloca a metà strada tra la sezione sportiva di un college universitario e il club esclusivo per pochi intimi, con una serie di servizi a supporto, che «si potrebbero allargare in futuro e grazie ai quali è già oggi possibile stabilire convenzioni con aziende, enti pubblici e altre società sportive», dichiara Passetti. In una grande città metropolitana come Milano, ma potrebbero essere anche altre, il segmento dei servizi per l'attività ricreativa gode di particolare attenzione e Passetti cerca appunto di sfruttare tutte le opportunità contigue e collaterali che un centro di addestramento per il canottaggio può offrire.

La leggenda dell'imprenditore pescatore

Ci sono vite ed esperienze particolari solo quando vi sono passioni uniche. Ad animare Salvatore Ruggeri c'è una carica che sembra non conoscere soste e che spazia tra più competenze: imprenditoriali, manageriali, diplomatiche. A cinquant'anni, dopo una carriera brillante che lo aveva portato ai vertici di un gruppo internazionale inserito nella componentistica per impianti petroliferi, di cui aveva anche acquisito quote societarie diventando oltre che presidente anche azionista di rilievo, Ruggeri già aveva messo – come si suol dire – tanto fieno in cascina quanto ne sarebbe bastato a far sopravvivere lui e le sue future generazioni. La ricchezza però non è mai stata lo scopo della sua vita, piuttosto un corollario alla sua azione, un segno della riuscita. E così, chiusa l'esperienza con l'azienda che aveva contribuito a far crescere e ceduto il suo pacchetto azionario, anziché andare a pesca sui fiumi o a passeggiare sul lungomare godendosi il frutto delle sue capacità passate, pensa bene di ricominciare da capo, per sé e magari con l'aiuto dei suoi due figli. Ripartire, ma da dove? Da quello che sapeva fare e per cui era già conosciuto nel mondo delle *pipeline*: le valvole per impianti energetici.

Ruggeri si guarda intorno, gira l'Italia per verificare il livello di qualità delle imprese del settore e soprattutto la disponibilità alla trattativa da parte dei titolari d'azienda, perché la sua vocazione è imprenditoriale e pensa di realizzare qualcosa. Ai primi di gennaio del 2002 parte con un capannone e con qualche decina di addetti. In Veneto rileva due aziende e inizia il suo risiko, perché, se con la mano destra produce, con la sinistra acquisisce. A distanza di nove anni, come presidente e principale azionista, è a capo del gruppo Valvitalia con sede a Rivanazzano, nel pavese, che mette insieme una decina di marchi acquisiti strada facendo. I dipendenti complessivi sono oltre un migliaio, il fatturato consolidato supera i 300 milioni euro, le sedi e gli uffici di rappresentanza sono presenti in ogni continente. Valvitalia è oggi una multinazionale che opera nel campo della progettazione, della produzione e della fornitura a livello globale di apparecchiature e componenti destinati all'industria petrolifera, dell'acqua e del gas naturale, nonché a quella petrolchimica e della produzione di energia elettrica. Il gruppo si occupa principalmente di valvole, attuatori, raccordi, flange e sistemi per la misurazione, filtrazione e regolazione di fluidi e gas. «Dal punto di vista commerciale – spiega Salvatore Ruggeri – lavoriamo con la filosofia del *one stop shop*: riteniamo di conoscere bene i clienti e sappiamo quali sono i loro bisogni. Per questo vogliamo che, quando vengono da noi, abbiano la possibilità di prendere tutto ciò di cui hanno bisogno con un'unica commessa, senza far loro moltiplicare i contatti, gli ordini e i costi». Per raggiungere questo scopo, Ruggeri è consapevole che la politica di acquisizione delle società già esistenti è fondamentale.

Valvitalia è come un ombrello sotto il quale si possono raccogliere vari marchi e brand: assembling societario e supervisione tecnica vanno di pari passo. Valvitalia è una società per azioni, di cui il 51% è detenuto dalla Finvalv, la finanziaria di famiglia, il 45% è in mano a un gruppo di investitori raccolti in un fondo di *private equity*, mentre il 4% è detenuto dai dirigenti dello stesso gruppo, che partecipano tanto alle scelte manageriali quanto a quelle societarie. Difficile pensare che le acquisizioni della britannica Broady Flow Control, risalente al giugno del 2010, o della italiana Eusebi (che realizza sistemi antincendio) nella primavera del 2011, possano essere gli ultimi tasselli di un puzzle che è come un cantiere in continua attività. «Chi lavora con impianti o sistemi di energia – approfondisce Ruggeri – non ha solo bisogno di valvole. Ha anche altre esigenze, che spaziano dalla necessità di automatizzare i flussi a quella, di controllare i processi, di gestire la sicurezza dei siti, se si ha per esempio a che fare con impianti di tipo nucleare o con piattaforme offshore per l'estrazione petrolifera. E quindi, per necessità, ha bisogno di motori che garantiscano la continuità della regolazione, anche se le valvole sono state fornite da altri produttori». Automazione, motori, nucleare, sicurezza non sono solo parole, sono anche comparti economici con intere filiere industriali, dove esistono società, soluzioni, prodotti, brevetti: tutte potenziali acquisizioni future. Ruggeri e la sua squadra stanno già lavorando per andarle a pescare, queste perle, in giro per il mondo. Perché anche i suoi più stretti collaboratori, quei dirigenti che hanno il 4% delle azioni, sanno che quanto più cresce il gruppo tanto più quella percentuale acquista valore. Per questa ragione, in giro per il mondo, c'è chi pensa – magari qualche concorrente – che forse quel fatidico giorno, anziché impiantare nuove aziende, Ruggeri avrebbe fatto meglio ad andare a pescare. Ma per la stessa ragione, forse, c'è anche chi– qualche piccolo ma capace imprenditore che non ha la forza di crescere da solo – oggi si augura che magari Ruggeri sì, lo andasse, davvero, a pescare.

L'olio per la frittura ha i giorni contati

Ecco la storia di una start up colta nel suo stato embrionale. Tutto nasce dall'incontro tra un disegnatore di impianti e un consulente che, insieme, hanno elaborato un progetto e pianificato un'idea imprenditoriale. Ora si trovano nella fase iniziale di avvio e la loro vicenda ha qualcosa di particolare che merita di essere ricordato. In Italia esistono 37 centrali a termocombustione che utilizzano miscele di oli minerali provenienti dal recupero di residui di lavorazioni industriali, oli esausti e di altro tipo, come quello che proviene da scarti di attività marittime, o anche oli vegetali. Per poter essere impiegati come combustibile al fine di ottenere energia, questi oli devono essere trattati e purificati, separando l'acqua presente. Attualmente si usa a questo scopo una tecnologia basata sull'impiego di evaporatori: si riscalda una massa di oli e il calore consente di allontanare l'acqua sotto forma di vapore, isolando la parte che poi viene utilizzata per l'impianto energetico. Il vapore a sua volta viene fatto condensare e l'acqua di risulta viene scaricata nei reflui.

Un disegnatore meccanico pavese, Roberto Moro, che è titolare di un'impresa di progettazione industriale, ha considerato invece un diverso approccio per ottenere oli e ha brevettato una separatrice che sfrutta principi meccanici e non termici per distinguere le due frazioni dell'emulsione. «Gli evaporatori – sostiene Roberto Moro – hanno una lavorazione più lenta della separatrice e utilizzano bruciatori da 500 chilocalorie per mantenere la temperatura, mentre la separatrice utilizza analoghi bruciatori ma da 120 chilocalorie». Il risparmio di tempo e di denaro che la separatrice di Moro consente di ottenere ha suscitato l'interesse di un architetto, Umberto Galvan, originario del Veneto ma con studio a Milano per la consulenza aziendale e progetti di innovazione tecnologica. Nel corso del biennio 2008-2009 Galvan e Moro hanno stretto un accordo e avviato un sodalizio imprenditoriale per dare vita a una nuova società con quote paritarie.

E così è nata l'idea di Eco Oli Separazioni, una srl in grado di produrre energia dagli scarti oleosi. «Per il futuro – precisa Galvan – guardiamo con particolare attenzione anche allo sviluppo di una rete diffusa per la raccolta di oli da scarti della ristorazione. In Italia esistono centinaia di migliaia tra ristoranti, pizzerie, trattorie, mense aziendali e catene di ospitalità come alberghi e hotel, che possono far confluire una massa ingente di oli di scarto. È tutta materia che può essere aggiunta a quella già oggi presente nel circuito agganciato all'industria».

Sul mercato di riferimento, recitano i dati del CONOE, il Consorzio nazionale degli oli esausti, il prodotto derivante da oli vegetali è in costante aumento; per quanto riguarda il recupero e lo smaltimento sono presenti in Italia circa 300.000 produttori di oli e grassi esausti nei settori industriale, artigianale e commerciale. Le aziende di raccolta e di trasporto dell'olio sono 180 mentre sono solo 31 quelle addette al recupero, al riciclo e allo smaltimento. In termini quantitativi, la raccolta e il recupero di oli esausti sono passati dalle 32.000 tonnellate del 2006 alle oltre 100.000 del 2010, per un controvalore complessivo che è salito dai 10 milioni di euro del 2006 ai 65 milioni di euro del 2010. Il progetto di Moro e Galvan è partito e i due soci puntano a realizzare convenzioni con municipalità, associazioni di imprese e di categoria, per dare vita a un primo sito nella Pianura padana, dove si concentrano molte attività dalle quali ottenere la "materia prima" per i loro impianti. La raccolta di oli vegetali in Lombardia è già abbastanza capillare, ma vi sono solo tre smaltitori e nessuno è presente nell'area compresa tra Milano e Pavia.

Il progetto di Eco Oli Separazioni è stato nel frattempo presentato in diversi ambiti, universitari e istituzionali, al fine di ottenere fondi e risorse finanziarie per il sostegno e l'avanzamento delle attività. Queste sono le fasi più difficili e delicate, perché gli iter burocratici sono spesso lunghi e tortuosi: l'ottenimento di un'autorizzazione o di un nulla osta non è sempre lineare e veloce, ma i due soci sono convinti di farcela. «Nell'attesa delle procedure di autorizzazione da parte degli organi competenti per la lavorazione degli oli minerali, che vengono considerati rifiuti speciali pericolosi – precisano Moro e Galvan –, la lavorazione aziendale verrà concentrata sugli oli vegetali, che non vengono considerati, a differenza dei minerali, pericolosi, e quindi non necessitano di particolari autorizzazioni». Per quanto riguarda invece i tempi, la fase di start up dell'azienda si basa sulla possibilità di avviare accordi di affitto o di noleggio della separatrice ad altre aziende di recupero e smaltimento dei rifiuti, in cambio di know-how per l'apertura del primo sito di smaltimento, diretto al trattamento del solo olio vegetale. Restano sempre aperte le trattative per allargare la società costituita al capitale dell'azienda cliente attraverso la creazione di un'ATI (associazione temporanea tra imprese) o anche di possibili joint-venture. Secondo le idee pianificate in un dettagliato business plan, nel 2012 è stata messa in calendario l'apertura di un secondo sito industriale con l'autorizzazione per la lavorazione di olio di tipo minerale, mentre nel 2014 è previsto l'avvio di una terza linea o del terzo sito industriale, compatibilmente con la localizzazione degli altri siti precedenti.

11. I semi del futuro

Nei precedenti capitoli sono state descritte e analizzate aziende create più o meno recentemente e che quindi si sono consolidate nel tempo o sono in via di affermazione: esse sono inserite e vivono nel nostro presente. In quest'ultimo capitolo verranno in particolare messe a fuoco imprese che invece sono state solo abbozzate: sono concepite nel presente, ancora non esistono, ma potrebbero essere operative in un futuro più o meno prossimo. Questi progetti allo stato embrionale vengono prelevati dall'ambito di quelle particolari idee di impresa che, anche se non sono state ancora avviate, sono basate su un presupposto tecnologico e produttivo strutturato, con un business plan già elaborato e con caratteristiche di attrattività per potenziali investitori. Si è già detto, nel capitolo dedicato all'innovazione tecnologica, che un'idea imprenditoriale – per essere tale – deve essere basata su un processo tecnologico chiaro e accessibile, deve poter essere tradotta in un'attività industriale e, infine, deve meritare l'attenzione e il plauso dei potenziali investitori che ne finanzino l'avvio e la prosecuzione. Nulla vieta che intorno a un'idea il singolo proto-imprenditore possa anche muoversi in autonomia: fa parte del rischio e dell'avventura. Ma per molte realtà imprenditoriali il discorso cambia, perché – in genere – se non si hanno i capitali per avviarle, queste partono solo se si trova un finanziatore che le sostiene. Diversamente, restano lettera morta nel cassetto.

È ovvio che i progetti di nuove società ad alto contenuto tecnologico e scientifico possono in prevalenza provenire dagli ambienti universitari, dove la ricerca e l'innovazione vengono respirate e promosse ogni giorno. Ma ciò non è sempre vero, perché esistono notevoli esempi di idee e di nuove imprese ad alto valore innovativo che invece sono partite, o partono, dall'ambito privato, professionale e industriale. Studiare i casi degli avviamenti di impresa, delle start up passate e soprattutto future, è quindi utile per confrontare le aspettative e le idee che si possiedono rispetto alle altre proposte che ci circondano. E soprattutto per confrontare la capacità di attrarre investimenti sulla propria idea imprenditoriale, che rappresenta il problema più "pratico".

In ogni caso, vale la dura legge delle statistiche: mentre negli Stati Uniti una start up su due sopravvive dopo due anni di vita (dati Bureau Census Usa), la percentuale si abbassa in Italia, dove la media delle start up che restano in sella nello stesso periodo scende a un terzo (dati Infocamere). Inoltre, da alcune indagini sociologiche emerge che – contrariamente a quanto si possa pensare – le start up migliori, che vivono e crescono, sono quelle create da imprenditori con un'età fra i 30 e i 40 anni, che non sono né giovanissimi né al termine della loro carriera. In particolare, il profilo tipo di un imprenditore che decide di avviare una start up è stato descritto da Scott Andrew Shane nel suo libro *The Illu-*

sion of Entrepreneurship, dove si rileva che chi avvia una nuova impresa (start up) ha in genere sui 40 anni, è sposato, ha già avuto esperienze di lavoro e vuole crearsi un'opportunità perché ha perso il posto o sta per perderlo, intende realizzare un'attività in proprio nel settore in cui ha già lavorato e – strano a credersi – non presenta caratteristiche psicologiche particolari.

Sulla base di questo ritratto non si ha a che fare con supereroi, ma con persone alquanto comuni, che hanno solo qualche idea del futuro, e tanta voglia di darvi corpo. Ridotta ai minimi termini, la questione delle start up, depurata dei falsi miti e snellita dalle caricature, è proprio questa: cercare un'opportunità dando vita a un'idea là dove si è competenti e dove si intravedono possibilità di crescita. Poche, pochissime sono le idee milionarie del secolo, che si possono contare sulle dita di una mano. Molte sono invece le opportunità che si possono individuare e che rappresentano strade percorribili. Piuttosto, contano doti umane come la tenacia e la capacità di resistere alle difficoltà, perché l'avvio di una attività richiede tempo, risorse, concentrazione e disciplina di fronte ai rischi e ai problemi inattesi e non preventivati. La vita dell'imprenditore, all'inizio, è sempre dura, faticosa, implica sacrificio e molta solitudine.

L'accreditamento dell'idea

Coloro che hanno un'idea di impresa e vogliono metterla in pratica, oppure desiderano perfezionare un business plan con cui definire tempi e metodi dell'operazione di avvio di una nuova attività, possono trovare un aiuto nei *business angels*, gli angeli custodi delle iniziative imprenditoriali al loro stato embrionale. Sono raggruppati nell'associazione italiana degli investitori informali in capitali di rischio, l'IBAN (Italian Business Angels Network). L'IBAN è un'associazione senza scopo di lucro nata nel 1999 a seguito del "Progetto di fattibilità" promosso dalla Direzione Generale Impresa della Commissione europea. Con sede a Milano, rappresenta e promuove istituzionalmente le iniziative di investimento nel capitale di rischio da parte degli investitori informali, chiamati appunto *business angels*. Con la sua nascita, avvenuta in stretta collaborazione con l'AIFI (l'associazione delle società che operano nella finanza d'impresa), si è creata una rete di assistenza di potenziali nuovi imprenditori aderente al circuito europeo dei *business angels*, l'EBAN (European Trade Association for Business Angels). Tutte le informazioni su chi e come contattare per avere suggerimenti e indicazioni sull'avvio d'impresa si possono trovare sul sito *www.iban.it*.

La rete IBAN si occupa solo ed esclusivamente della fase di avvio dell'impresa (start up), che viene tecnicamente definita in due tappe. La prima fa riferimento al cosiddetto *seed financing*: si compie un investimento nella primissima fase di sperimentazione dell'idea di impresa, quando è ancora da dimostrare la validità tecnica del prodotto o del servizio ideato. Una volta raggiunta la produzione di un prototipo tecnicamente valido e perfezionato, si può allora passare alla fase di *early stage financing*, con cui si sostiene l'attività commerciale e distributiva del prodotto o del servizio stesso. A queste due fasi ne succede una terza, che fa ricorso all'*expansion financing*, con cui si finanzia il processo di sviluppo vero e proprio dell'impresa, che può durare diversi anni e che è però materia dei fondi istituzionali, di *venture capital* e di *private equity*.

In particolare, i fondi di *venture capital* (capitale di rischio) sostengono le idee di impresa che nascono dall'applicazione di nuove tecnologie e ne seguono lo sviluppo sin dalla loro formulazione iniziale. Sono spesso presenti nei settori avanzati come l'informatica, la comunicazione, le biotecnologie. Questi sono fondi erogati da *venture capitalist*, che approvano l'idea dell'imprenditore e che la sostengono con capitali freschi nel suo cammino rischioso e incerto (da qui il senso di "avventura"). In questo caso, per l'investitore il guadagno non è assicurato e dipende dall'affermazione dell'impresa sul mercato. I fondi di *private equity*, invece, intervengono quando l'impresa è già avviata e ne seguono soprattutto la crescita e lo sviluppo sul mercato. Questi fondi intervengono a livello di partecipazione nella compagine azionaria e puntano sulla creazione di valore dell'impresa stessa. Il guadagno dell'investitore, in questo caso, consiste nella plusvalenza realizzata grazie alla vendita del pacchetto azionario (*equity*) alla fine del percorso di sostegno (in genere dai 5 ai 7 anni).

Business Angels e Fondi di investimento possono aiutare gli aspiranti imprenditori a ottenere capitali e risorse finanziarie, ma l'accreditamento di un progetto d'impresa, soprattutto se delineato da giovani ricercatori o consulenti, merita di essere posto al vaglio delle competenze delle comunità culturali e scientifiche e in particolare di quelle accademiche, anche perché, da alcuni anni, sono proprio le università le principali promotrici di nuovi progetti imprenditoriali ad alto valore aggiunto. Un grande servizio viene infatti realizzato attraverso le reti degli incubatori d'impresa, dove sempre più spesso si consorziano insieme ai dipartimenti degli atenei anche gruppi industriali. Al mondo accademico si è poi aggiunto quello bancario, con iniziative come i *road show* dell'innovazione: vetrine itineranti per esporre le nuove idee di impresa a livello internazionale, per promuovere contatti e facilitare l'interessamento da parte di altri potenziali partner finanziatori.

La competizione delle idee

La tendenza è ormai planetaria: università e business school competono tra loro per strapparsi di mano le idee imprenditoriali migliori con bandi di concorso, premi, partecipazione a iniziative come *road show* o mostre-convegni. Questa linea è praticata da molto tempo in alcune realtà straniere. Ad Harvard, la Business School dell'università mette a disposizione ogni anno 50.000 dollari per gli studenti del corso di Management Business Administration che presentano un progetto convincente. La London Business School offre un sostegno gratuito alla realizzazione del business plan delle idee migliori e organizza presentazioni dei progetti presso gli investitori. L'ESSEC di Parigi, invece, conferisce ai protoimprenditori alcuni servizi come consulenza diretta per avviare le nuove imprese con società partner dell'università. In Italia si perseguono gli stessi scopi in quattro principali realtà universitarie. La Business School di Escp Europe di Torino seleziona continuamente progetti da presentare ai propri *business angels*. Ogni anno vengono lanciate cinque start up scelte dalla scuola insieme al consorzio delle imprese tecnologicamente avanzate Piemontech. A Milano, la School of Management del Politecnico seleziona ogni anno quattro idee per avviare impresa nei settori digitali: mobile marketing, mobile payment, new media, fatturazione elettronica, cloud computing e mobile content. Alla struttura Enlabs della Luiss di Roma, invece, gli aspiranti imprenditori che hanno un progetto possono partecipare a un bando di concorso per entrare nell'incubatore dell'università. Condizione necessaria perché il business plan possa essere preso in considerazione è che almeno un componente del team candidato sia stato studente della Luiss.

Come si può facilmente comprendere, mentre in passato queste iniziative erano sviluppate all'interno del proprio circuito universitario, ora la tendenza delle stesse accademie vira verso un'apertura progressiva nei confronti delle idee e delle proposte, sull'esempio di quanto già accade in altre realtà: nella Silicon Valley come al MIT, la porta è aperta alle idee di ogni nazionalità e provenienza. Lo dimostra e lo conferma l'iniziativa – che ormai si svolge a cadenza annuale – di *Technology Review*, la rivista del MIT di Boston. Storicamente la testata premia le migliori idee innovative e da quest'anno è entrato a far parte dell'iniziativa anche il nostro paese, attraverso l'edizione italiana della rivista. E così anche in Italia verranno scelte dieci significative idee di innovazione tecnologica, in grado di permettere, in prospettiva, la creazione di una filiera produttiva. Tra queste dieci finaliste ne verrà scelta una, che si candiderà direttamente al MIT per una valutazione finale: se verrà accettata, potranno partire i finanziamenti e con essi l'impresa stessa.

10 proposte per il futuro

È il momento di addentrarsi nel panorama delle dieci idee che l'edizione italiana di *Technology Review* ha presentato, per poter aprire una breccia nel futuro e per capire che cosa già oggi, nel presente, in un certo senso lo prepara.

- Marco Mandelli, un trentacinquenne di Arco di Trento, ha creato un nuovo materiale che consente di realizzare un inchiostro magnetico da inserire nella catena del freddo per rilevare eventuali interruzioni o anomalie del processo. Lo scopo dell'innovazione è quello di garantire in ogni momento la temperatura di funzionamento prescelta, senza interruzioni.
- Luca Ravagnan, 34 anni, milanese, ha ideato una tecnica – per la quale ha presentato domanda di brevetto – grazie alla quale è possibile incapsulare microelettrodi in strutture di elastomeri. Questa soluzione consente la realizzazione di apparati biomedicali impiantabili, aprendo la strada a protesi dalle caratteristiche flessibili e non più rigide come quelle passate.
- Il trevisano Paolo Franceschetti, di 30 anni, ha ideato Solwa, un sistema che grazie all'utilizzo dell'energia solare produce acqua potabile da acque salate o contaminate. Il processo avviene per distillazione e consente di ottenere circa 10 litri di acqua per ogni metro quadro della superficie impiegata dal sistema.
- Il trentacinquenne Cosimo Palmisano di Massafra, nel tarantino, ha messo a punto una soluzione software per affrontare degnamente un'emergenza come quella che de-

riva dalla sovrabbondanza di chiamate ai call-center per ragioni improvvise. In realtà una sua società dedicata è già presente in Puglia e vanta una piccola sede anche in California.

- Matteo Bovolenta, trentenne di Ferrara, ha realizzato una procedura per affinare la terapia genica della distrofia muscolare di tipo Duchenne dell'infanzia. Grazie a questo schema innovativo si può aumentare in prospettiva l'efficacia della cura e della prevenzione.
- Bice Cavallo, napoletana di 30 anni, ha ingegnerizzato un programma software per consentire una più corretta gestione degli archivi personali al fine di tutelare maggiormente la privacy, impedendo l'accesso alla visione dei dati da parte di operatori non autorizzati.
- La bolognese Giorgia Lodi, di 35 anni, ha studiato e realizzato una piattaforma per garantire l'affidabilità delle operazioni finanziarie a una comunità di utenti ognuno dei quali, singolarmente, è agganciato ai servizi erogati da istituzioni come banche o società finanziarie.
- Renato Silvio Mortara, torinese di 30 anni, si occupa di cosmetica e ha realizzato una particolare procedura per rendere più longeve le creme e gli unguenti per uso terapeutico o estetico. Grazie alla sua soluzione, l'effetto dei principi attivi viene garantito per periodi più lunghi, che possono arrivare anche a 8-10 giorni.
- Loris Sinigoi, triestino di 29 anni, è depositario di un'idea particolare: il suo sistema è in grado di produrre materie plastiche artificiali a partire da materiali naturali e senza utilizzare nel processo alcun prodotto tossico o nocivo. È la via ecologica alla creazione della plastica.

- La goriziana Alessandra Chiap, di 31 anni, è alla guida di un team che ha realizzato una soluzione software per analizzare i disturbi del linguaggio e della scrittura da parte dei bambini, che a causa di ciò possono manifestare ritardi nell'apprendimento. Il programma consente inoltre di individuare i rimedi per la correzione e la risoluzione dei problemi connessi.

Come emerge da questo elenco, il ruolo delle tecnologie è sempre preponderante, anche se poi il loro utilizzo è finalizzato ai grandi temi che sono già stati evidenziati nei primi capitoli (salute, ecologia, sicurezza ecc.). Si tenga presente, inoltre, che a livello nazionale, con il patrocinio di istituzioni come la Presidenza della Repubblica e vari ministeri tra cui quelli dello Sviluppo economico e dell'Università e della ricerca, ogni anno viene organizzato il Forum della Ricerca, dell'Innovazione e dell'Imprenditorialità, dove tante idee come queste appena elencate vengono presentate – insieme a quelle di provenienza accademica – all'opinione pubblica e ai potenziali investitori, all'insegna di una politica di crescita del paese.

Supporter alla creatività

Secondo le stime di alcuni osservatori, come per esempio il sociologo Domenico De Masi, entro una decina d'anni la società post-industriale sarà chiamata a dare maggiore importanza alle professioni della conoscenza: il capitalismo si tramuterà da materiale in "culturale", spostando il valore dai beni “fatti” ai metodi per “saperli fare”. A prevalere, in prospettiva, sarà dunque il know-how, che dovrà essere compreso, finanziato e anche distribuito. Quest’ultimo aspetto è – almeno oggi – il più difficile da realizzare e da mettere in pratica, per oggettive difficoltà e talvolta anche per l’insufficiente preparazione culturale dei potenziali mediatori. De Masi è anche convinto che tra pochi anni nelle società più avanzate un lavoratore su tre svolgerà mansioni creative e che, dunque, attività imprenditoriale e cultura professionale tenderanno a intrecciarsi più di quanto non sia accaduto in passato. In questo scenario anche la “promozione culturale” dei progetti delle nuove imprese assumerà un ruolo via via più importante, che la sola rete scientifica delle università non potrà più essere sufficiente a gestire. Per la loro quantità crescente, le idee di innovazione e i progetti d’impresa sono destinati a diventare temi del giorno, rubriche quotidiane: uno spirito che iniziative giornalistiche come *Nova*, *Wired*, *Technology Review* e *Focus* stanno cercando di rinvigorire.

Ma è indubbio che il ruolo di supporter e di mediatore culturale tra gli ideatori d’impresa e il mercato potrà essere svolto soprattutto dagli istituti di credito. E la tendenza è in atto: anche le banche scendono in campo per sostenere i frutti della ricerca e dell’innovazione. I grandi gruppi nazionali del credito hanno già avviato alcune iniziative per promuovere sul mercato la robusta propensione italiana alla creazione di nuova impresa. Così, per esempio, nell’autunno del 2009 Intesa Sanpaolo ha dato il via a un piano, denominato “Start up iniziative”, per far incontrare i progetti dei nuovi imprenditori con le domande degli investitori. Nella prima edizione, i funzionari dell’istituto hanno preso in esame una serie numerosa di progetti, ne hanno selezionati 50 e quindi, dopo uno screening più accurato, ne hanno messi in evidenza la metà. I titolari dell'idea imprenditoriale hanno partecipato a un confronto diretto con 50 investitori tra *business angels*, fondazioni, fondi di *venture capital* e fondi di *seed financing*, dando vita a percorsi di perfezionamento formativo per la creazione d'impresa attraverso l'elaborazione di un business plan e corsi accelerati di finanza d'impresa. Nel corso del 2010 sono state svolte altre cinque edizioni dell'iniziativa, tipicamente orientata alla formazione, ma sono anche partiti i *road show* internazionali, per creare e allargare le relazioni tra i nuovi imprenditori e la comunità degli investitori in città come Londra, Francoforte, Tel Aviv e San Francisco. A distanza di un paio d'anni dal momento dell'avvio, sono stati circa 600 i progetti esaminati e di questi circa un quarto ha partecipato alle fasi seguenti di formazione.

Guardare sempre avanti

Come si è visto, anche nel nostro paese si stanno consolidando una cultura e una serie di interventi a sostegno delle nuove iniziative imprenditoriali dalle quali – ci si augura – possano nascere società e gruppi solidi e ricchi di prospettive. Nel corso del libro è stata analizzata e descritta una variegata casistica, con storie che hanno posto in luce caratteri e atteggiamenti diversi da parte degli imprenditori, che poi sono persone con propri valori, conoscenze e stili di vita. Ci sarebbero moltissime altre storie da raccontare, altrettanto valide e significative, grazie all'esistenza in Italia di un tessuto produttivo che, anche se è stato contratto o lacerato dalla recente crisi, non ha tuttavia perso la dinamicità e l'integrità complessiva.

Dunque, questo viaggio esplorativo tra le idee che hanno sviluppato nuove imprese si conclude. Resta l'auspicio che l'esperienza dei pionieri presentati nel volume possa essere di insegnamento ai tanti che, guardando l'orizzonte e sognando mete anche lontane ma non irraggiungibili, vogliono intraprendere un percorso altrettanto entusiasmante.